COURAGEOUS WOMEN REBELS

역사에 도전한 여성 운동가

아름다운
반역자들

봄볕청소년

역사에 도전한 여성 운동가

아름다운 반역자들

초판 1쇄 발행 2017년 3월 2일
초판 4쇄 발행 2020년 10월 23일

글 조이 크리스데일 **옮김** 손성화
펴낸곳 도서출판 봄볕 **펴낸이** 권은수 **디자인** 이하나 **마케팅** 성진숙
등록번호 제25100-2015-000031호 **등록일** 2015년 4월 23일
주소 서울특별시 서대문구 서소문로 37 1125호 (합동, 충정로대우디오빌)
전화 02-6375-1849 **팩스** 02-6499-1849
전자우편 springsunshine@naver.com **블로그** http://blog.naver.com/springsunshine
ISBN 979-11-86979-25-9 43330

이 도서의 국립중앙도서관 출판예정도서목록(CIP)은 서지정보유통지원시스템
홈페이지(http://seoji.nl.go.kr)와 국가자료공동목록시스템(http://www.nl.go.kr/kolisnet)에서
이용하실 수 있습니다. (CIP제어번호: CIP2017005279)

♪ 책값은 뒤표지에 있습니다.
♪ 봄볕은 올마이키즈와 함께 어린이를 후원합니다.

제조자명 도서출판 봄볕 **제조년월** 2020년 10월 23일 **품명** 어린이책 **제조국** 대한민국 **모델명** 봄볕청소년 **사용연령** 11세 이상
주소 서울시 서대문구 서소문로 37 1125호(합동, 충정로대우디오빌) **전화** 02-6375-1849 **팩스** 02-6499-1849
주의 종이에 베이거나 긁히지 않도록 조심하세요. 책 모서리가 날카로우니 던지거나 떨어뜨리지 마세요.

COURAGEOUS WOMEN REBELS

역사에 도전한 여성 운동가

아름다운 반역자들

글 조이 크리스데일
옮김 손성화

봄볕

사촌 로이스 케네디와 언니 메리 '수' 푸아리에의
용기와 저항 정신을 기리며.
몰랐을 거다. 두 사람을 얼마나 많이 그리워할지.

차례

들어가는 말

우리는 반역자들을 사랑한다. 적어도 책이나 영화 속 반역자들을. 이들은 규칙을 깨뜨리고 권위를 무시하며, 자기만의 길을 따르면서도 다른 사람들이 어떻게 생각하든 상관하지 않는다.

이들은 낭만적이다. 우리도 이들처럼 될 수 있으리라고 상상한다. 하지만 현실 속 우리는 대부분 남들이 하라는 대로 하고, 당연하다고 여기는 세상의 이치를 받아들이면서 터덜터덜 걸어갈 뿐이다. 현실에서 만나는 반역자들이 어찌 보면 다소 거슬리는 존재라는 사실도 곧 눈치채게 된다.

이 책에 나오는 사람들은 모두 특별한 반역자들이다. 이들은 '행동하는 사람들', '변화를 위해 몸과 마음을 다 바친 사람들'이다. 이 여성들은 노예 제도, 여성 평등, 인종 차별, '다르다'고 생각되는 사람들에 대한 차별, 동물 학대, 독재 정치, 그 밖의 대단히 잘못된 일을 다른 사람들보다 훨씬 먼저 알아보았다. 그리고 이런 문제들에 관련해 무언가 하려고 애썼다. 사람들은 대부분 이 여성들이 무엇에 맞서고 저항했는지 이해하지 못했다. 모든 게 정상이라고, 원래 그런 것이니 어쩔 수 없다고 생각했다. 도리어 이들이 조용히 입 다물기를 바랐다.

여기 등장하는 여성들도 좋아서, 쉽게 행동한 것은 아니다. 대가로 목숨을 잃은 이도 있었다. 열 명 모두 위험에 빠졌다. 가장 중요한 점은, 이들이 자기 자신의 이익을 위해 앞장선 게 아니라는 점이다. 개인적인 삶보다 더 크고 중요한 뭔가가 있다는, 바로 정의가 필요하다는 사실을 알았기 때문이다.

프랑스 출신 올랭프 드 구주는 1700년대에 이미 여성의 권리를 요구한 선지자였다. 여성의 권리, 즉 여권이라는 개념이 진지하게 받아들여지기 200년 전이었다. 구주는 처형됐고, 정신 나간 여자 취급을 받았다. 노예 출신인 소저너 트루스는 1800년대에 노예 제도 폐지와 여성 투표권을 위해 싸웠다. 살아생전에 노예제가 폐지되는 것을 보긴 했으나 여성에게 투표권이 부여되는 것은 보지 못했다.

다른 여성들도 목표가 이뤄지는 것을 보지 못하고 세상을 떠났다. 루스 퍼스트는 남아프리카 공화국 경찰이 보낸 우편 폭탄에 목숨을 잃었다. 무너뜨리려고 부단히 애쓴 인종 차별 제도가 철폐되기 전이었다. 사로지니 나이두는 영국의 인도 지배가 끝나는 것을 보기 위해 평생을 바쳤다. 이 때문에 수도 없이 감옥을 들락거렸다. 나이두는 남성과 여성, 인도의 카스트 계급과 종교 간 평등을 위해 싸웠지만 이러한 투쟁은 지금도 여전히 진행 중이다. 글로리아 스타이넘은

40년 넘게 2세대 페미니즘의 대표자 자리를 지켰다. 2세대 페미니즘 운동이 추구한 목표 가운데는 성공한 것도 있지만 실망스러운 좌절도 있었다. 반전주의자 존 바에즈는 베트남 전쟁 종식은 확인했지만 전쟁 자체는 세계 어디선가 끝없이 이어지고 있다.

　여기 실린 여성 열 명은 하나같이 놀랄 만한 사연을 가지고 유년기를 보냈다. 그중에서도 특히 눈에 띄는 사람이 레일라니 뮤어와 템플 그랜딘이다. 뮤어의 어머니는 아무 이상이 없는 딸을 요양소에 집어넣었다. 뮤어는 시설에서 강제로 아이를 낳지 못하도록 불임 수술을 받았다. 당시만 해도 정부가 '정신적으로 결함이 있는 사람'은 사회를 위협한다고 여겼기 때문이다. 뮤어와 달리 템플 그랜딘의 어머니는 자폐증이 있는 딸을 끝까지 포기하지 않았다. 그랜딘이 박사 학위를 따고, 자폐증이 선물이 될 수도 있다는 사실을 발견하는 과정을 지켜봤다. 그랜딘은 자폐증 덕분에 동물을 이해하게 됐고, 지금도 동물의 권리를 지키기 위해 싸우고 있다.

　미셸 더글러스는 가족의 지지를 업고 일생일대의 싸움을 벌였다. 더글러스는 뛰어난 장교였지만 레즈비언이라는 이유로 군대에서 쫓겨났다. 섀넌 쿠스타친의 가족은 원주민 혈통의 긍지와 자부심을 가르쳤다. 그 힘으로 쿠스타친은 열세 살 때 캐나다 역사상 최대 규모의 청소년 주도 아동 권리 운동을 펼칠 수 있었다.

이들은 글과 음악, 연설, 언론, 인터넷은 물론이고 사법 제도에 이르기까지 다양한 수단을 이용해 뜻을 펼쳤다. 대부분 비폭력적인 방법을 사용해야 한다고 믿었으나 루스 퍼스트만은 예외였다. 퍼스트는 평화적인 수단으로는 목표를 달성할 수 없다고 확신했다. 종교적 신념으로 투쟁에 뛰어든 경우도 있었다. 다른 목표에 더해 여성의 권리를 위해 싸운 이들도 많다. 정의를 찾는 과정에서 자신과 같은 여성들이 동등한 권리를 누리지 못한다는 사실을 깨달은 것이다.

『아름다운 반역자들』에 포함시킬 수 있는 운동가와 사건은 대단히 많지만 아쉽게도 지면이 한정되어 있어서 다 담지 못했다. 환경 운동가를 비롯해 평화 운동, 태어날 때부터 갖는 권리, 정치 운동가 이야기를 소개하는 책이 아주 많으니 대신 권하고 싶다.

남다른 '반역자들'의 명석한 사고와 대담한 행동을 따라잡으려면 수십 년, 혹은 수백 년이 걸릴지도 모른다. 이들은 어떤 식으로 변화를 일궈내는지를 보여준 빛나는 본보기다. 반역자보다는 덜 담대한 우리도 내 몸보다 남을 먼저 생각하고, 일상의 사소한 것보다 더 큰 그림을 그리는 방법을 알아볼 수 있을 것이다. 물론 쉽지 않은 일이다. 엄청나게 어려울 것이다. 이 책에 실린 이들의 이야기가 모두에게 영감과 노력할 힘을 주면 좋겠다.

조이 크리스데일

"여성은 자유롭고, 태어나면서부터
남성과 평등한 권리를 지니고 살아간다."

Olympe de Gouges 올랭프 드 구주

1748 - 1793

파리 어느 광장에서 형장의 이슬로 사라지기 직전, 올랭프 드 구주는 처형을 지켜보는 군중을 향해 연설을 했다. 1793년 11월이었다. 프랑스 역사상 손꼽을 만큼 끔찍한 '공포 정치' 시절이 막 시작된 때였다. 수많은 이들이 구주와 마찬가지로 기요틴에 목숨을 잃었다. 기요틴은 사람의 목을 단칼에 자르는 단두대로 발명자인 의사의 이름을 딴 기계였다.

"조국의 아이들이여, 반드시 내 죽음에 대해 복수하라."

구주는 소리쳤다. 이 놀라운 여성이 남긴 평등에 관한 예언은 수백 년이나 시대를 앞선 것이었다. 구주는 자기의 선견지명과 용기가 얼마나 특별한지, 따를 자가 없다는 사실을 알지 못했다. 죽은 뒤에도 복수는커녕 격렬하게 비난받고 모욕당했다. 정치 활동을 했다는 것만으로 '정신 나갔다'라고 한 사람도 많았다. 적들은 그가 여성으로서 분수를 지켜야 했다고 말했다.

하지만 이제는 안다. 여성에게도 남성과 똑같은 권리를 보장하라던 구주의 요구는 방대한 기록으로 남아 역사를 이루었다. 올랭프 드 구주는 이런 요구를 처음 한 사람으로 평가받는다. 이전의 어느 누구보다도 강력하게, 총체적으로 요구했고, 당시 정치 지도자들에게 거침없이 도전했다. 그리고 그 대가로 목숨을 잃었다.

구주의 삶을 예감하게 한, 혹은 조금이나마 암시해주는 유년기 이야기는 거의 전하는 것이 없다. 올랭프 드 구주의 원래 이름은 마리 구즈Marie Gouze였다. 1748년 프랑스 남부 중세 도시인 몽토방의 변변찮은 집안에서 태어났는데, 아버지 피에르 구즈는 푸주한이었고, 세탁부로 일한 어머니의 이름은 안느 올랭프 무이세였다. 마리 구즈는 학교도 제대로 다니지 못했다. 훗날 작가가 된 뒤 "교육 혜택을 받지 못했다"고 했지만 구즈는 자기의 '무지'를 자랑스럽게 여겼다. 무지

올랭프 드 구주 이전

구주만큼 대담하지는 못해도 1400년대에 이미 프랑스와 영국에서는 몇몇 여성이 여성 평등을 주장했다.

▶ 프랑스 철학자 크리스틴 드 피상Christine de Pisan, 1365~1430년경은 여성의 업적에 관해 글을 써서 여성의 능력에 대한 부정적인 사고방식에 맞섰다.

▶ 제인 앵거Jane Anger라고 자칭한 여성은 1589년 영국에서 처음으로 페미니즘 소논문을 썼다. 이 글에서 앵거는 당시 남성보다 열등하다고 여겨지던 여성의 덕성을 옹호했다.

▶ 영국 철학자 메리 아스텔Mary Astell, 1666~1731은 여성 교육을 주장하고 여성에게 불공평한 결혼 제도를 비판했다.

역사에 도전한 여성 운동가

하기 때문에 더 창의적일 수 있다고 생각했다. 어려서부터 구즈는 어마어마한 미래가 펼쳐질 운명이라고 믿었다. 진짜 아버지는 피에르가 아니라 다른 귀족 남성이라고 확신했는데, 어머니가 당시 명성이 자자하던 작가 마르키 드 퐁피냥 후작과 불륜 관계라는 얘기가 있긴 했다. 사실인지 아닌지는 알 길이 없으나 구즈는 그 소문을 믿

올랭프 드 구즈

었다. 한 번도 마르키 드 퐁피냥 후작의 딸이라고 인정받은 적은 없었지만 말이다.

구즈는 열일곱 살 무렵 결혼했지만 결혼 생활은 불행했다. 구즈는 남편보다 자기의 사회적 지위가 더 높다고 생각했다. 남편 루이 이브 오브리는 남의 집 하인으로 일한 듯하다. 본인의 생활을 토대로 쓴 소설에 구즈의 불만이 잘 드러난다. 소설의 주인공은 남편이 "험오스러웠다"고 말한다. 그래도 결혼한 이듬해인 1766년에 아들 피에르가 태어났다. 구주의 전기를 쓴 작가 일부는 아들이 태어나고 얼마 지나지 않아 루이 이브가 죽었다고 하고, 또 더러는 구즈가 남편을

떠났다고 하기도 한다. 어떻든 간에 이후 마리 오브리는 올랭프 드 구주로 이름을 바꾸고 파리로 떠났다. 아들과 함께 간 것으로 보이는 데, 그 뒤로 다시는 결혼하지 않았다.

비록 교육을 많이 받지는 못했지만 올랭프 드 구주는 머지않아 파리 상류 사회에 진입했다. 아마도 미모의 영향이 있었던 것으로 보인다. 부유한 사업가 자크 비에이트릭스 드 빌라르 드 로지에르와 가까워진 뒤로 재정적으로 도움을 받은 것으로 전한다. 구주는 파리에서 '치장하고 꾸미는 나날'을 보내며 경박하게 살았다고 했지만, 처음으로 제대로 교육을 받은 곳 역시 바로 파리였다. 구주는 '살롱'이라고 알려진 곳을 찾아갔다. 살롱은 당시 유행하던 문학부터 첨예한 정치 뉴스에 이르기까지 모든 대화가 이뤄지는 상류층의 사교 현장이었다.

1700년대 프랑스에서는 계몽주의 시대의 여러 발상이 터져나오고 있었다. 최고 권력 조직인 왕실과 교회가 압제한다는 비난을 받고, 더 큰 자유를 보장하라는 강력한 외침이 있었다. 흑인 노예 해방을 주장하는 사람들도 있었다. 하지만 자유와 평등을 드높여 외치면서도 사람들은 여기에 여성을 포함시켜 생각하지 못했다. 대단히 존경받던 어느 작가의 말처럼, 대부분이 여자는 집에서 남편 뒷바라지나 해야 한다고 여겼다. 여자는 '남자에게 도움이 되어야 하고, 남자를 돌봐야 하고, 남자의 삶을 수월하고 기분 좋게 만들어줘야' 했다.

몇 년 뒤 어느 배우가 살롱에 관한 회고록을 쓰면서 올랭프 드 구주를 언급했다. 이 배우는 구주를 비롯해 여러 사람을 혹독한 말로 평했다. 구주에 대해서는 "그녀의 빛을 듬뿍 받으려는 사람들이 에워싸지 않으면 화가 나서 씩씩거리곤 했다"라고 썼다. 하지만 "예리한 눈과 귀를 지녔다"면서 상냥한 태도나 재치를 칭찬하기도 했다.

구주에게는 그런 재능이 있었다. 1784년, 파리에 산 지 어느새 15년 정도 지날 무렵 구주는 작가가 되어 책을 냈다. 제대로 된 교육을 받지 못한 덕분에 오히려 독특한 문체가 돋보였다. 구주는 속기사를 시켜 글을 받아쓰게 했는데, 여러 주제 가운데서도 특히 불평등에 크게 관심을 쏟았다. 평생에 걸쳐 소설 4편과 희곡 12편, 짧은 정치 논고 50편을 쓰면서 사회에 존재하는 불공평에 대해 대담하게 의견을 표출했다. 스스로 언제나 '억압받는 사람, 약자의 편'이라고 말한 구주의 시각은 대중의 관심을 끌지 못하고 무시당하기 일쑤였다. 여성이기 때문이다. 올랭프 드 구주가 쓴 희곡 『검둥이 노예』는 노예를 동정적으로 바라보면서 노예 제도의 잔인함을 그렸다. 사람들은 이 작품이 부도덕하다고 했다. 어느 비평가는 극작가가 될 수 있는 건 남자뿐이라면서 "훌륭한 극작품을 쓰려면 턱수염이 있어야 한다"고 주장했다. 구주의 희곡은 무대에 오른 지 얼마 되지 않아 곧바로 막을 내려야만 했다.

구주의 작품 가운데 몇 가지는 살롱에서 이야기를 주고받으며 영감을 받은 듯하다. 하지만 여성에 대한 글은 분명히 미래를 내다보는 통찰력을 보여주었다. 구주의 희곡은 당시의 고정관념이나 가치에 도전했다. 남성에게서 독립해 자주적으로 살아가는 여성을 그리고, 불행한 결혼 생활을 견디는 사람들을 구제하기 위해 이혼의 필요성을 역설하기도 했다. 1700년대, 이혼은 좀체 허용되지 않던 시절이었다.

올랭프 드 구주는 짧은 소책자 형식으로 정치적인 의견을 피력하기 시작했다. 1788년 무렵, 소논문은 자기 견해를 책으로 펴내는 보편적인 방식이었다. 구주는 이 시대 다른 어떤 여성보다도 활발하게 여러 사건과 정치 상황을 논하는 책을 펴냈다. 당시 프랑스의 상황은 그리 좋지 않았다. 나라가 거의 파산 상태에 이르러 몹시 어려웠고, 흉작으로 기근이 발생하면서 민중의 불만이 한껏 높아졌다. 구주는 짧은 글로 경제를 살릴 방안을 제안했다. 1789년 6월, 혼란스러운 상황은 최악의 위기로 치달았다. 평민을 대표하는 의원들이 루이 16세가 구성한 의회를 장악했다. 이러한 움직임은 귀족과 교회는 물론이고 절대 권력자인 왕의 권위까지 위협하는 지경에 이르렀다. 프랑스혁명이 시작된 것이다.

시대를 앞선 여성

올랭프 드 구주는 '위생'이나 '보건'처럼 오늘날 우리가 당연하게 여기는 것들의 중요성을 이미 생각하고 있었다. 사람들은 매일 목욕하는 구주를 이상하게 여겼다. 구주는 여성들이 깨끗한 환경에서 아이를 낳도록 위생적인 산부인과 병원을 만들자고 촉구하기도 했다. 당시 여성들은 네 명 중 한 명이 아이를 낳다가 목숨을 잃었다.

역사에 도전한 여성 운동가

한동안 루이 16세는 새로 명명된 국민의회에 찬성하는 듯 보였다. 하지만 실상은 군대를 모으기 위해 시간을 벌고 있었다. 7월 즈음이 되자 식량이 부족해지고 왕의 군대가 공격할지도 모른다는 두려움에 파리는 긴장감이 극에 달했다. 마침내 1789년 7월 14일, 파리의 군중이 감옥으로 쓰던 요새 바스티유를 습격했다. 처참한 전투가 벌어졌고 수많은 시민이 목숨을 잃었다. 바스티유 감옥에서 왕의 군대가 마침내 항복하자 시민들은 군인들을 학살했다. 지금도 프랑스는 7월 14일을 공휴일로 지정해 기념한다.

루이 16세는 세 가지 색 리본을 달고 파리로 갔다. 혁명을 상징하는 3색 리본은 새로 들어선 정부와 함께하겠다는 의미였다. 이전과는 전혀 다른 세상이 열렸다. 인민이 왕족을 이겼다.

올랭프 드 구주는 혁명이 있고 나서 몇 년 동안 건강, 노인과 실업자 구제 등 기본적인 인권과 욕구에 관한 문제로 눈을 돌려 계속해서 글을 썼다. 역사에 기록될 순간이 다가오고 있었다.

1791년, 프랑스 혁명 정부는 새로운 헌법을 공포했다. 헌법이란 국가의 기초가 되는 근본 원칙을 말한다. 프랑스 헌법은 「인간과 시민의 권리 선언」에서부터 시작됐다. 이 선언문은 새로운 시대, 즉 왕과 왕비가 아니라 인민이 통치하는 시대를 알리는 상징이었다. 「인간과 시민의 권리 선언」은 모든 인간에게 자유로울 권리와 평등할 권리가 있다는 조항으로 시작하면서 참정권을 비롯한 여러 권리들의 밑그림을 그렸다. 하지만 이러한 권리들은 오직 남성들을 위한 것이었다.

새로운 자유 가운데 어느 것도 여성들에게는 해당되지 않았다. 혁명 정부는 이전의 모든 체제가 그러했듯 여성의 능력과 권리를 외면했다. 여성이 프랑스 혁명을 낳은 수많은 사건의 불씨가 되고, 그 사건들을 조직하고, 직접 참여한 게 분명한 사실임에도 불구하고 말이다.

구주는 몹시 화가 났다. 이전에도 여성을 억압하는 여러 제약을 비판하는 글을 많이 썼지만 이제는 새로 들어선 정부의 헌법, 그리고 거기서 제외된 여성에 관해 이야기하기 시작했다. 며칠 지나지 않아 구주는 직접 작성한 『여성과 여성 시민의 권리 선언』을 출간해 사람들에게 나눠 줬다. 글의 구조나 문장 표현은 「인간과 시민의 권리 선언」을 그대로 따랐다. 「인간과 시민의 권리 선언」에서 "인간은 태어나면서부터 자유롭고 평등한 권리를 지니고 살아간다"는 구절은 "여성은 자유롭고, 태어나면서부터 남성과 평등한 권리를 지니고 살아간다"로 고쳤다.

15개 조항으로 이뤄진 선언문으로 구주는 국가를 운영하는 데 대등한 목소리를 내고, 재산권을 비롯해 헌법에서 남성에게 부여한 것과 똑같은 권리가 여성에게도 있다고 주장했다. 공직이나 직업과 관련된 법률과 기회 역시 "모든 사람들에게 똑같이 적용되어야 한다"고 썼다. 선언문의 서문에서 구주는 "누가 남성들에게 우리 여성을 억압할 권리를 부여했는가?"라고 질문했다. 그러고 나서 여성과 남성이 지적으로 동등함에도 남성은 여성 위에 "군림하려 든다"고 꼬집었다. 또 "여성이 단두대에 오를 권리가 있는 것처럼 연단에 오를 권리도 가져야 한다"고 했다. 여성이 국가에 의해 사형당할 수 있다면 국가를 운영하는 데 목소리를 낼 수도 있어야 한다는 의미였다.

올랭프 드 구주의 선언문은 새 정부의 선언문만큼이나 혁명적이었다. 많은 역사가에 따르면 여성에게 완전한 시민권과 정치적 권리를 부여해야 한다는 구주의 요구 사항은 최초의 사회적 요구였다. 내용 면에서도 이전 시대보다 더 넓은 범위를 포괄하는 것이었다. 하지만 세상은 아무 반응도 보이지 않았다. 구주가 주장한 '동등한 권리'는 이로부터 150년이 지나도록 확립되지 못했다. 프랑스에서 여성이 투표권을 얻은 것은 1944년에 이르러서였다.

1791년 당시 구주의 선언에 아무 반응이 없었던 이유에 대해서는

최초의 여성 운동가

영국 작가 메리 울스턴크래프트Mary Wollstonecraft, 1759~1797는 '최초의 페미니스트'로 불린다. 1792년 『여성의 권리 옹호』라는 책을 내기 전부터 여성이 겪는 불평등에 관해 글을 썼다. 하지만 울스턴크래프트의 책이 출간된 것도 올랭프 드 구주의 『여성과 여성 시민의 권리 선언』이 나오고 1년이 지나서였다. 『여성과 여성 시민의 권리 선언』은 1791년 세상에 나왔다.

이후 여러 설명이 있었다. 가장 설득력 있는 것은 구주가 시대를 너무 앞서갔다는 것이었다. 그때만 해도 여성의 존재, 여성의 권리를 중요하게 생각하는 사람은 없다시피했다. 혁명을 지지한 사람들 중에 구주를 싫어한 사람이 많았던 것도 이와 무관하지 않을 것이다.

1789년 이후 구주는 귀족 대표, 혹은 인민 대표로 나선 사람들 사이에서 어느 편도 들지 않겠노라고 말했다.

"나는 정파 같은 건 모른다. 내가 진정으로 관심 있는 것은 오직 내 조국, 프랑스뿐이다."

구주는 폭력에 반대했다. 권력을 줄인 군주제를 유지하면 더 평화적으로 변화를 꾀할 수 있으리라고 믿었다. 혁명이 진전되는 동안에도 폭력에 대해 경고했다.

"시민들이여, 파리의 온 길마다 들어설 단두대와 교수대를 맞이할 준비를 하라."

구주의 말은 또 한 번 현실이 되었다. 그는 이때 자기의 죽음을 예견했을까.

1792년 9월, 루이 16세와 마리 앙투아네트 왕비의 마지막 순간이 다가오고 있었다. 폭도가 들고일어났고, 정치적인 이유로 감옥에서 죽은 사람이 1,000명이 넘었다. 왕비와 가까웠던 친구도 목숨을 잃었는데, 사람들은 그 여인의 잘린 머리를 창에 꿰어 마리 앙투아네트가 지내던 집 창밖으로 의기양양하게 걸어갔다. 구주는 "혁명이 피로 더럽혀지고 있다"고 썼다. 9월이 지난 뒤 혁명 정부는 공식적으로 왕

역사에 도전한 여성 운동가

정을 폐지했다.

이때부터 구주는 사형대로 이어지는 길을 따라 내려가기 시작했다. 막시밀리앙 로베스피에르를 공격하는 소논문도 썼다. 로베스피에르는 9월 대학살로 비난받은 폭력적인 집권당의 혁명 지도자였다. "아직도 누군가의 피를 갈망하는가?" 구주는 거침없었다. "당신은 수북이 쌓인 시체 더미 사이로 길을 내려고 한다." 위험한 시기, 위험한 발언이었다.

1792년 10월, 루이 16세는 혁명 정부를 전복시키려는 음모를 꾸몄다는 혐의로 재판에 회부되었다. 여론은 모른 척했지만 올랭프 드 구주는 루이 16세의 목숨을 살려달라고 호소했다. 구주는 사형에 찬성하지 않았다. 루이 16세가 잘못을 저질렀다는 점은 인정하지만 그의 가장 큰 죄는 "좋지 않은 때에 왕으로 태어난 것"이라고 말했다.

"왕정은 폐지됐습니다. 가족, 친구, 왕좌까지 그는 모든 걸 잃었습니다. 자기 인생을 살도록 해줍시다."

하지만 아무도 구주의 말을 귀담아 듣지 않았다. 루이 16세는 유죄 판결을 받았다. 그리고 1793년 1월 21일, 프랑스의 마지막 왕 루이 16세는 파리의 광장으로 끌려가 수만 명이 지켜보는 앞에서 기요틴에 처형됐다.

6개월 뒤 올랭프 드 구주는 또 다른 글을 썼다. 프랑스인들이 정부를 다양하게 선택할 수 있게 하자는 내용이었다. 또다시 자기 무덤을 판 꼴이 되고 말았다. 로베스피에르의 힘은 생각보다 훨씬 컸다.

1793년, 정부는 '공포'에 의한 통치를 선언했다. 두려움을 이용해 반대 세력을 침묵시키는 것이었다. 공포 정치는 불과 열 달 정도 이어졌지만, 이 짧은 기간에 최소 30만 명이 체포되고 1만 7,000명이 사형됐다는 기록이 있다. 사람들은 재판 절차조차 거치지 못하고 감옥에서 죽어갔다. 올랭프 드 구주는 7월에 체포되어 11월 초에 재판에 회부되었다. 마리 앙투아네트가 기요틴에 목숨을 잃은 지 2주 뒤였다. 구주는 법을 무시했다는 이유로 유죄 선고를 받고 단두대의 이슬로 사라졌다.

올랭프 드 구주가 죽고 난 뒤 어떤 혁명 인사는 '여성에게 걸맞은 덕목을 잊은 죄'로 처벌받은 것이라며 여성들의 정치 참여를 경고했

프랑스 혁명과 여성

여성 시민들도 프랑스 혁명 초반부터 거의 모든 부분에 참여했다. 1789년 10월, 식료품 가격이 하늘 높은 줄 모르고 치솟자 이에 항의하는 여성들이 베르사유 궁전까지 행진을 했다. 가장 중요한 봉기 가운데 하나였다. 하지만 1793년 10월에 새로 들어선 정부는 여성의 정치 참여를 구분해 금지했다. 공포 정치 기간에는 혁명을 지지한 여성들이 감옥에 갇히거나 사형당했다. 혁명을 주도적으로 이끈 마농 롤랑Manon Roland도 그 가운데 하나였다. 롤랑은 1793년 11월, 올랭프 드 구주가 처형된 뒤 며칠 지나지 않아 단두대 신세가 되고 말았다. 구주와 마찬가지로 로베스피에르의 눈 밖에 났기 때문이다.

역사에 도전한 여성 운동가

다. 오늘날, 구주가 당부한 복수는 어느 정도 성공을 거뒀다. 학자들은 구주의 『여성과 여성 시민의 권리 선언』이 역사적으로 중요할 뿐만 아니라, 20세기 내내 투표권을 비롯한 여성의 여러 권리를 얻어내기 위한 투쟁, 여성에 관련된 법을 바꾸려는 투쟁의 기초를 닦았다고 평가한다.

하지만 계속 싸워야 하는 문제가 하나 더 있다. 1791년 이후로 위대한 프랑스 영웅들은 파리의 팡테옹에 묻혔다. 하지만 200년이 넘는 시간이 흐르는 동안 업적을 인정받아 이곳에 묻힌 여성은 단 한 명뿐이었다. 과학자 마리 퀴리다. 팡테옹에 잠든 남성은 75명이다. 프랑스 여성 중에는 올랭프 드 구주 역시 팡테옹에 안장해 예우해야 한다고 주장하는 이들이 있다. 그렇게 된다면 구주도 기뻐하지 않을까.

"온 민족의 힘이 나와 함께하는 것 같았습니다."

Sojourner Truth 소저너 트루스

1797 - 1883

노예 신분에서 벗어난 소저너 트루스는 남북 전쟁이 한창이던 어느 날, 미국 미시간 주에 있는 어느 대학에서 연설을 하려던 참이었다. 당시 사람들 대부분이 그랬듯 백인 학생들은 흑인을 무시했다. 야유를 보내고 의자를 쿵쿵 두드리고 비웃으면서 경멸을 드러냈다. 키가 180센티미터나 되는 위풍당당한 트루스는 위엄을 잃지 않았다. 오히려 적대적인 청중을 향해 질문했다.

"여러분은 하늘나라에 가면 하느님의 질문을 받을 것입니다. 왜 흑인을 미워했느냐고 말이지요. 답을 준비해뒀나요?"

말을 멈추고 잠시 생각할 틈을 준 뒤 트루스가 말을 이었다. 하느님이 자기에게 '너는 왜 백인을 미워했느냐?'라고 물으면 대답할 말이 있다고 했다. 그러고는 드레스 옷깃을 젖혀 수년 전 백인 주인의 채찍에 맞아 생긴 얽히고설킨 흉터들을 내보였다.

소저너 트루스가 반평생 견딘 모든 일, 잃어버린 모든 것을 우리는 상상조차 할 수가 없다. 트루스가 태어나기도 전에 언니와 오빠는 납치당해 노예로 팔려갔다. 1600년대부터 미국에서는 인간이 다른 인간을 재산으로 소유하는 잔인한 노예제가 대대손손 자행됐다. 트루스 역시 아홉 살이 되자 부모에게서 떨어져 노예로 팔렸고, 열세 살 무렵에 두 번 더 팔려갔다. 짐승처럼 혹사당한 세월이 무려 20년이었다. 읽고 쓰는 법을 배우지도 못했다. 하지만 19세기에 가장 존경받는 미국 흑인 여성이 되었고, 오늘날에는 그의 말대로 세상을 '똑바로' 바꾸기 위해 한 인간이 할 수 있는 일을 상징하는 대표적인 인물이 되었다.

트루스는 오직 믿음이 이끄는 대로 힘겹게 오래도록 미지의 길을 걸었다. 그에게는 '큰 소리로 말하는' 재능이 있었다. 트루스의 연설을 들은 기자들은 '사랑이 깃든 심장'과 '불같은 혀'를 지닌 여성이라고 말했다. 소저너 트루스는 미국의 거의 모든 지역을 횡단하면서

노예 제도 폐지를 위해 싸운 도망 노예

해리엇 터브먼Harriet Tubman, 1820~1913 역시 노예 출신으로 노예제 폐지론자가 된 인물이다. 터브먼은 메릴랜드 주에서 펜실베이니아 주로 달아난 노예였다. 하지만 다른 도망자 수백 명을 돕기 위해 다시 '노예 주'로 돌아가면서 새로 얻은 자유는 끊임없이 위험에 처했다. 터브먼 생포에 걸린 현상금이 4만 달러에 이르기도 했다. 터브먼과 소저너 트루스는 1864년 보스턴에서 에이브러햄 링컨 대통령을 만났고, 노예제 반대 운동에 대한 링컨 대통령의 지지와 관련해 이야기를 나눴다.

역사에 도전한 여성 운동가

'사랑이 깃든 심장'과 '불같은 혀'로 노예제 폐지와 여성 권리 증진을 위해 사람들을 설득했다.

노예제 폐지를 위해 싸워 역사에 기록된 흑인들은 대부분 남부 출신 노예들이었다. 이에 반해 소저너 트루스는 북부 출신이었다. 노예는 출생 기록이 남지 않았는데, 트루스는 1797년경 뉴욕 시에서 북쪽으로 145킬로미터가량 떨어진 헐리 마을에서 태어난 것으로 알려졌다. 어머니 엘리자베스와 아버지 제임스는 딸 이름을 이저벨라로 지었다. 이저벨라를 처음 소유한 가족은 뉴욕 주 주민 대다수를 차지한 네덜란드인이었다. 그래서 이저벨라도 태어나서 제일 처음 배운 말이 네덜란드어였다. 아홉 살 때 노예로 사간 가족은 영어를 썼다. 영어를 알아듣지 못한다는 이유로 어린 소녀는 채찍질을 당했다. 1810년경 이저벨라는 존 듀몬트라는 남자에게 팔려갔다. 그 무렵 이저벨라는 영어를 배웠고, 열세 살에 이미 키가 다 자란 소녀는 부엌일과 들일을 했다. 듀몬트는 이저벨라가 백인 여섯 명 몫을 한다고 자랑하곤 했다. 그렇게 자랑을 하고 다니면서도 걸핏하면 매질을 했는데, 당시에는 전혀 문제될 것 없이 없었다.

열여덟 살 무렵 이저벨라는 듀몬트의 또 다른 노예인 토머스와 결혼했다. 노예 주인들은 보통 자기 노예들끼리 결혼을 시켰다. 두 노예 사이에서 태어난 아이 역시 제 소유가 되기 때문이었다. 이저벨라는 아이를 다섯이나 낳았지만 모두 듀몬트의 '소유물'에 지나지 않았다. 이저벨라는 아이들을 안아줄 수도 없었고, 듣는 사람이 없다는 걸 확인하지 않고는 '내 새끼'라는 말도 절대 할 수 없었다.

하지만 듀몬트가 어린 아들 피터를 팔자 획기적인 소송으로 정면 도전했다. 이저벨라는 이미 1826년에 듀몬트 집안에서 도망친 터였다. 16년 동안 노예로 지냈는데도 자유의 몸이 되게 해주겠다는 약속을 지키지 않았기 때문이다. 그러다가 다섯 살 난 아들 피터가 앨라배마 주로 팔려갔다는 사실을 뒤늦게 알게 됐다. 뉴욕 주의 노예법에 따르면 피터는 뉴욕 주 안에서 팔리는 건 가능했지만 다른 지역으로 나가는 것은 불법이었다. 처음에 이저벨라는 아들을 돌려달라고 듀몬트 집안에 간곡히 청했다. 하지만 이들은 비웃을 뿐이었다.

흑인 노예는 주인에 대항할 힘이 딱히 없었다. 하지만 분명하게 잘못된 행동을 하는 사람 앞에 서면 이저벨라의 내면에 용기와 투지가 샘솟았다. 훗날 그는 이렇게 말했다.

"하느님께서 피터를 되찾게 도와주시리라는 걸 확신했어요. ……내면이 아주 커진 느낌이 들었거든요. 온 민족의 힘이 나와 함께하는 것 같았습니다."

노예제 반대 운동가들의 조언에 따라 이저벨라는 소송을 시작했다. 1827년 봄 즈음, 피터는 어머니에게 돌아갔다. 이저벨라는 미국 법정에서 최초로 승소한 흑인 여성이 되었다.

서서히 주법에도 변화가 생겼다. 노예가 나이가 들면 해방시키는 방향으로 법이 바뀌었고, 1828년 즈음 이저벨라는 공식적으로 노예 신분에서 벗어났다. 이저벨라는 피터를 데리고 뉴욕 시로 옮겨 갔다.

역사에 도전한 여성 운동가

다른 아이들은 여전히 법률상 노예였고, 그 상태로 살아가야 했다. 남편도 다시는 만나지 못한 것으로 보이는데, 남편은 그 뒤 사망한 것으로 알려졌다.

이저벨라는 뉴욕 인근에서 14년을 보냈고, 좋지 않은 일을 겪기도 했다. 돈을 갈취하는 사이비 종교 집단에서 3년을 보내다가 간신히 빠져나온 것이다. 그러다가 뉴욕의 어느 교회에서 언니와 오빠를 다시 만났다. 얼마나 기뻤는지 이루 설명할 길이 없었다. 이저벨라가 태어나기도 전에 노예로 팔려간 언니와 오빠였다. 이 무렵부터 이저벨라는 흑인 교회에서 설교를 시작했다. 여성이 설교단에 서는 일이 흔치 않던 때였다. '하느님 말씀'을 전파할 권한은 남성에게만 있다고 여겨졌다. 그러나 이저벨라의 설교가 지닌 힘과 영향력을 사람들은 '기적'이라고 불렀다.

1843년 즈음, 어느 가정에서 하인으로 일하던 이저벨라는 삶의 방향을 고민하며 행복을 찾고 싶어졌다. 훗날 이때를 회상하면서 그는 "성령께 어찌 할지를 묻자 '동쪽으로 가거라' 하는 목소리가 들렸다"고 말했다. 그리하여 그해 6월 1일, 베갯잇과 옷가지 몇 벌만 챙겨 들고 이저벨라는 새로운 인생을 향해 발걸음을 떼었다. 딱히 계획을 세운 것은 아니었다. 일하던 집의 주인에게는 "성령이 불러 가야만 한다"고 했다. '소저너'라고 이름도 새로 지었다. 소저너는 잠시 동안만 한곳에 머무를 뿐 집 없는 사람을 뜻하는 단어다. 성도 새로 만들었다. 노예였을 때는 백인 주인의 성으로 구별해야 했다. 그는 '트루스truth, 진리'라는 단어를 골랐다. 하느님의 진리를 이야기하고 싶다는 이유에서였다.

뉴욕을 떠난 트루스는 이곳저곳 옮겨 다니며 설교를 했다. 아직까지는 노예제에 반대하거나 여성의 권리를 이야기하지 않았으나 '불 같은 혀'는 이때 이미 진가를 발휘했다. 어느 모임에서 다른 설교자들이 세상의 종말과 내세를 논하며 군중을 광분 상태로 몰아가자 트루스는 이들을 꾸짖었다.

"여기 있는 여러분은 '한순간에 바뀌는' 것을 얘기하고 있습니다. 주님이 오신다면 흔적도 없이 바꿔놓으실 겁니다. 왜냐하면 여러분에게는 아무것도 없으니까요. 여러분은 저 멀리 어딘가, 특별한 곳으로 가게 되리라고 기대하는 것 같네요. 사악한 인간들이 불에 타 죽어가면 그 재를 밟고 의기양양하게 되돌아올 거라고요. 훌륭한 점이라곤 전혀 찾아볼 수 없는 생각들이에요."

삶의 방향을 틀고 이름까지 바꾼 지 1년이 지나, 1844년에 소저너 트루스는 다시 한 번 변화를 불러일으킬 사람들과 함께하게 됐다. 매사추세츠 주의 노샘프턴 교육·산업협회는 뜻이 맞는 사람들이 어울려 살아가는 공동체였다. 협회 설립자 중에는 양성 평등의 가치를 실천하는 노예제 폐지론자들도 있었다. 트루스는 이곳에서 노예제 반대 운동 지도자들과 함께하면서 새로운 가치관을 세웠고, 여성의 권리를 바로 세우기 위해 일하는 여성들도 만났다.

노샘프턴 교육·산업협회의 정신에 푹 빠진 트루스는 1845년, 머

역사에 도전한 여성 운동가

지않아 자신을 전설적인 인물로 자리매김하게 해줄 활약을 시작했다. 노예제와 여성의 권리에 대해 설교하게 된 것이다. 노예제와 여권은 동떨어진 별개 문제가 아니었다. 여성도 노예처럼 재산권과 투표권을 갖지 못했고 남편에게 속한 처지였다. 당시 어떤 여성은 흑인과 여성이 "가장 미움을 받는 두 종류의 인간"이라고 말하기도 했다. 소저너는 흑인이면서 여성이었다. 소저너가 하는 일은 위험했다. 흑인과 노예제 폐지론자들은 공격받기 일쑤였다.

트루스에게는 뛰어난 재능이 있었다. 소저너의 연설에 대해 쓴 여러 글에 따르면 "피부색에 따른 편견"을 서서히 사라지게 하고 "청중의 영혼에 뚜렷하게 영향을 미치는, 좀처럼 보기 힘든 일이 일어났다". 어떻게 그럴 수 있었을까? 트루스는 통찰력과 유머를 담아 사람들의 마음을 열었다. 가끔은 자기 자신을 우스갯소리에 써먹기도 했다. "어린이들, 나도 여러분처럼 내 얘기를 들으려고 여기 왔어요" 트루

흑인 여성 전도사

19세기에는 여성들이 설교하는 일이 많지 않았다. 하지만 미국의 흑인 여성 몇몇은 소명을 따르기 위해 규범에 저항했다. 소저너 트루스처럼 시골 지역 곳곳을 누비고 다녔다. 교회가 설교단을 쓰지 못하게 하는 경우가 부지기수였기 때문에 천막이나 숲속 빈터에 이르기까지, 이들은 장소에 구애받지 않고 사람이 모일 수만 있다면 모든 곳에서 설교를 했다.

스는 사람들을 '어린이들', '아가'로 칭하곤 했다라든지, 가슴 뭉클하게 만드는 목소리로 노래를 부르기도 했다. 종종 찬송가도 불렀다. 언젠가는 모임 자리에 몽둥이를 들고 달려든 남자들을 노래로 진정시키기도 했다. 트루스의 찬송가를 들은 남자들은 화를 가라앉히고 자리를 떴다.

물론 약자를 괴롭히는 자들과 늘 화해하려고만 하지는 않았다. 짐 승처럼 날뛰는 남자들이 여성 권리 대회에 몰려와 트루스를 비롯한 연사들에게 야유를 퍼붓자, 트루스는 이들을 거위와 뱀이라 칭하며 반박했다. 남자들이 '우우', '쉿쉿' 소리를 냈기 때문이다.

"우리 권리를 얻고야 말겠어요. 두고 보라고요. 당신들이 우리를 막을 수 있을 거라고 생각하나요? 막을 테면 막아봐요. 실컷 야유하고 싶다면 하라지요. 하지만 때가 오고 있다는 걸 나는 압니다."

트루스는 두려워하지 않았고 언제나 거침없었다.

소저너 트루스는 1851년 5월 오하이오 주 애크런에서 열린 여성 권리 대회에서 그의 연설 가운데 가장 널리 알려진 연설을 남겼다. 대회에서는 격렬한 논쟁이 이어졌다. 어떤 여자들은 투표권을 얻는 게 중요하다고 생각했지만 이를 너무 급진적이라고 여기는 여자들도 있었다. 어떤 목사는 여성들에게 남편이 있는 가정으로 돌아가라고 훈계했다. 첫날에는 그저 조용히 논쟁을 듣기만 하던 트루스는 둘째 날이 되자 연단에 서도 되느냐고 물었다.

이때 남긴 연설이 어떤 내용인지는 기사마다 다르게 실려 정확하게 확인하기가 어렵다. 신문 기사와 짧은 글이 여럿 남아 있지만 애

역사에 도전한 여성 운동가

크런 연설로부터 여러 해가 지나 나온 글이 대부분이고 내용도 제각각이다. 하지만 트루스의 연설이 보여준 설득력과 호소력만큼은 의심의 여지가 없다. 강력한 의지와 독특한 표현 덕분에 대단히 인상적인 연설이 탄생했고, 이 연설은 오늘날까지 널리 인용되고 있다. 트루스는 여성의 존재와 여권에 반대하는 주장과 논거를 완전히 뒤엎어버렸다.

이 무렵 남자들은 하느님의 아들 예수 그리스도가 남자이기 때문에 여성은 연설이나 설교를 해서는 안 되고, 남성과 동등할 수도 없다고 주장했다. 소저너 트루스는 이들에게 되물었다. "그렇다면 예수님은 어떻게 세상에 오셨나요?" 예수가 성령으로 잉태한 동정녀 성모 마리아에게서 태어났다는 것은 모두가 알고 있었다. 트루스는 예수는 하느님과 여자 사이에서 태어났으니 도리어 '남자는 아무 관련조차 없다'는 의미라고 했다.

여자가 약하기 때문에 남자가 책임져야 한다는 사람들도 있었다. 하지만 노예 시절을 이야기하면서 트루스는 반박했다. "나는 밭을 갈고 곡식을 거두고 곡물 껍질을 벗겨 잘게 빻고 풀을 뱄어요. 어떤 남자가 이보다 더 많이 일할 수 있나요?"

애크런 연설은 '나는 여자가 아닌가요?'라는 제목으로 유명하다. 남성과 다를 바 없으므로 동등한 권리를 가질 만하다는 사실을 지적할 때마다 트루스가 이 질문을 반복했기 때문이다.

"나는 남자만큼 힘들게 많은 일을 하고 밥도 많이 먹어요. 채찍질도 참고 견뎠죠! 그렇다면 나는 여자가 아닌가요?"

이 무렵 소저너 트루스는 쉰네 살이었다. 21개 주를 넘나들며 설교를 했는데, 트루스가 모습을 드러낼 때마다 그의 이름이 점점 더 널리 회자됐다. 그간의 삶을 담은 책 『소저너 트루스 이야기』가 나오면서 명성은 한층 높아졌다. 트루스는 노샘프턴에서 자기의 사연을 구술하며 친구에게 받아쓰게 했다. 마침내 1850년에 책이 출간됐고, 이 책으로 벌어들인 돈으로 트루스는 매사추세츠 주에 처음으로 집을 마련했다.

1861년 4월 12일, 남북 전쟁이 발발했을 때도 소저너는 위험을 무릅쓰고 돌아다녔다. 쉬지 않고 노예 제도에 반대한 것이다. 흑인들의 거주권을 제한하는 법, 일명 '흑인에 관한 법률'이 시행되던 인디애나 주에도 갔다. 몇 차례 체포되고 협박을 받기도 했지만 트루스는 결국 풀려났다. 노예제를 유지하면서 미합중국에서 분리 독립하려는 남부 11개 주에 맞서 북부 편에서 싸우던 흑인 군대와 함께하기도 했다.

1863년, 남북 전쟁은 아직 끝나지 않았지만 에이브러햄 링컨 대통령은 노예 수백만 명을 자유의 몸으로 만드는 노예 해방령을 내렸다. 아직 북군이 싸우던 지역에서는 노예 해방령이 제대로 시행되지 못했지만 해방된 노예 수천 명이 워싱턴으로 물밀듯이 쏟아져 들어왔다. 워싱턴에는 먹을거리도, 일할 곳도 없었다. 지낼 데라고는 난민 수용소뿐이었다. 1864년에 이들을 돕기 위해 워싱턴으로 간 트루스

　　　　　　　　　역사에 도전한 여성 운동가

1864년 워싱턴 D.C.에서 링컨 대통령과 소저너 트루스.

는 눈앞의 광경을 두고 말로는 다 표현할 수 없을 정도였다고 했다.

"누더기를 간신히 걸친 이들은 참혹하리만큼 굶주리고 가난했다."

트루스는 그해 링컨 대통령을 만나 흑인을 위해 과감한 결단을 내린 데 감사를 전하기도 했다. 훗날 링컨 대통령과 소저너 트루스, 유명한 두 사람의 만남을 기념하기 위해 그려진 그림도 남아 있다.

1865년, 전쟁이 끝나자 미국의 노예 제도는 종말을 고했다. 그렇지만 인종 차별과 흑인이 처한 가혹한 환경은 사라지지 않았다. 트루스는 70대가 되어서도 이 문제를 해결하기 위해 투쟁 운동에 앞장섰다. 일부러 자기를 전차에서 떨어뜨려 다치게 한 전차 차장을 고소하기도 했다. 전차 운전자들이 흔히 그랬듯 그 차장도 흑인이 백인과 함께 차에 타는 것을 원치 않았다. 1870년에는 율리시스 그랜트 대통령을 만나 흑인들에게 무상으로 땅을 주자고 피력했다. 오랜 세월 흑

높아진 명성

소저너 트루스의 명성은 노예제에 반대하는 내용으로 크게 유명해진 『톰 아저씨의 오두막』의 작가 해리엇 비처 스토Harriet Beecher Stowe 덕에 더 높아졌다. 스토는 노예제 폐지론자이자 여권 운동가로 트루스에게서 영향을 받았다. 1863년 『애틀랜틱 먼슬리』에 소저너 트루스에 관한 기사를 싣기도 했다. 이 기사에는 잘못된 정보도 많았지만 트루스의 대의에 대해 관심을 불러일으키는 또 다른 도구 역할을 했다.

역사에 도전한 여성 운동가

인 노예들이 대가 하나 없이 일한 덕분에 백인 주인들이 챙긴 이윤을 돌려줄 수 있을 것이라는 의견이었다.

소저너의 제안에도 불구하고 아무 변화도 일어나지 않았다. 노예제로 인한 손해 배상 문제는 그 뒤로도 거듭 되풀이되어 제기되고 있다.

소저너는 여든이 넘어서도 한결같이 미국 흑인과 여성을 위해 거리낌 없이 이야기했다. 여성도 남성과 똑같은 일을 하면 똑같은 임금을 받을 권리가 있고, 투표권이 있어야 한다는 것이었다. 여성은 투

여성 투표권

소저너 트루스는 여성 투표권을 위해 투쟁한 많은 참정권 운동 지도자들과 가까이 지냈다. 수전 앤서니Susan B. Anthony도 그중 하나였다. 1872년, 트루스가 그랬던 것처럼 앤서니도 대통령 선거에 참여하기로 마음먹고 투표함에 투표 용지를 넣었다. 앤서니는 체포되어 재판에 회부됐고, 불법으로 투표했다는 이유로 유죄 판결을 받았다. 심지어 여자이기 때문에 스스로 변호 진술조차 할 수 없었다. 벌금 100달러를 선고받았지만 앤서니는 벌금을 내지 않았다. 미국에서는 1920년에야 여성들이 참정권을 얻었다. 소저너 트루스도, 수전 앤서니도 살아생전에는 보지 못했다.

표를 할 수 없었던 1872년에는 대통령 선거에서 투표를 시도했다가 거부당하기도 했다.

1883년 11월 26일, 트루스는 미시간 주에서 세상을 떠났다. 투병 말기에도 그는 친구에게 이렇게 말했다고 한다. "나는 죽는 게 아니라 별똥별처럼 집으로 돌아가는 거예요."

미국에서는 노예 제도가 법적으로 폐지된 뒤에도 200년 넘게 관습으로 남아 있었다. 한때는 이저벨라였다가 신념 넘치는 투사 소저너 트루스로 다시 태어난 이 여성은 비참한 생활을 감내한 수많은 노예들처럼 역사 속으로 사라질 수도 있었다. 하지만 그러지 않았다. 트루스는 40년 여정을 통해 고통을 끝내고 새로운 해방으로 나아가는 길을 여는 데 헌신했다. 2009년, 미국 연방 정부가 있는 워싱턴 주 의회의사당에 소저너 트루스의 동상이 세워졌다. 미국 역사상 최초로 등장한 흑인 여성 동상이었다. 제막식에서는 노예의 후손이자 미국 최초의 흑인 대통령 버락 오바마의 부인 미셸 오바마가 동상을 공개했다.

역사에 도전한 여성 운동가

"당신들은 제국의 자격이 없다.
당신들은…… 영혼을 잃어버렸다."

Sarojini Naidu 사로지니 나이두

1879 - 1949

사로지니 나이두는 그다지 혁명가처럼 보이지 않았다. 몸에 딱 달라붙는 화려한 비단 사리를 아주 즐겨 입는 시인이었다. 듣기 좋은 목소리로 나지막하게 이야기했고, 어린아이로 보일 만큼 키가 아주 작았다고 한다. 하지만 무장한 적들 앞에 무기 없이 설 정도로 용기가 넘쳤다. 심지어 경찰에 체포될 때도 미소를 머금은 채 경찰의 손을 뿌리치면서 차분하고 당당하게 "내 몸에 손대지 말아요"라고 경고했다. 이뿐만 아니라 수없이 감옥을 들락거리면서도 참고 견딜 정도로 강인했다. 사로지니는 변치 않는 신념을 품고 모든 일을 해냈다. 권력에 취해 눈이 먼 사람들의 지배에서 조국을 해방시켜야 한다는 믿음이었다. 결국 사로지니는 세계에서 가장 강한 제국을 무너뜨리는 데 힘을 보탰다.

사로지니는 1879년 2월 13일 인도 하이데라바드에서 태어났다. 아버지 아고르나스 차토파댜야는 과학자이자 교육자였고, 어머니 바라다 순다리는 시를 썼다. 사로지니는 여덟 아이 가운데 맏이였다. 집은 남동생이 "박물관과 동물원을 합친"것 같다고 표현할 만큼 온갖 동물과 기묘한 손님 무리로 북적였다. 떠돌이 가수부터 교수, 거지, 승려에 이르기까지 손님들은 아주 다채로웠다. 아버지는 지성 면에서나 정치적 견해에 있어서나 대단히 존경받는 인물이었지만 분명 괴짜이기도 했다. 평범한 금속을 금으로 바꾼다며 연금술 실험을 하기도 했다. 가족은 힌두교도였고, 인도어인 우르두어와 텔루구어는 물론이고 영어로도 의사소통을 했다.

어릴 때부터 사로지니는 건강이 좋지 않아 힘겨운 시간을 보냈다. 하지만 아주 특출한 학생이었다. 고작 열두 살 때 고등학교 졸업 시험에 준하는 검정 시험에 최고 성적으로 합격했을 정도다. 하지만 공부를 위해 집을 떠나 지내다가 몸이 아파 돌아와야만 했다. 집으로 돌아온 뒤 시 쓰기에 처음으로 흥미를 느끼고 계속해 나갔다. 그런데 가족들은 걱정이 이만저만이 아니었다. 사로지니가 사랑에 빠졌기 때문이다. 불과 열다섯 살이었다.

사로지니보다 나이가 훨씬 많은 고빈다라줄루 나이두는 의과 대학을 막 졸업한 터였다. 카스트 계급도 달랐다. 힌두교에서는 태어날 때의 카스트 계급에 따라 평생 동안 사회적 지위가 결정됐다. 당시 다른 계급 사람과 결혼하는 것은 법으로 금지되었다. 사로지니의 아버지는 최고위 계급인 브라만이었다. 카스트 계급이 달라 부모가 사로지니를 외국으로 보냈다고도 하고, 진지하게 인연을 맺기에는 너무 어리다고 생각해서 그렇게 했다고도 한다. 1895년 9월, 열여섯 나이로 사로지니는 영국으로 건너가 대학에 들어갔다.

역사에 도전한 여성 운동가

영국은 역사상 가장 큰 제국이었다. 인도를 비롯해 세계 각지를 식민 통치했다. 식민지인 인도 해방이 사로지니에게는 필생의 사업이 되었고, 이를 위해 여러 번 영국에 가기도 했다. 하지만 10대 시절까지만 해도 사로지니는 시에 관심을 쏟았다. 문인들과 함께 시간을 보내면서 글쓰기에 공을 들였고 공부에는 그다지 관심을 보이지 않았다. 1898년에 다시 인도로 돌아가서는 사랑하는 남자, 고빈다라줄루 나이두와 결혼했다. 두 사람은 계급이 다른 결혼을 금지하는 법을 피하려고 비종교적으로 결혼식을 올려야 했다.

몇 년이 지나 나이두 부부는 네 아이를 두었다. 사로지니는 계속

카스트 제도

삶의 방향을 정치적인 활동으로 정한 사로지니 나이두는 카스트 제도 반대, 특히 불가촉천민에 대한 치욕스러운 대우에 반대하는 운동을 펼쳤다. 카스트는 네 계급으로 나뉘는데, 브라만승려·학자, 크샤트리아전사·귀족, 바이샤농민·상인, 수드라수공업자·노동자다. 불가촉천민은 다섯 번째로 하층민 중에서도 최하층민이었다. 1950년, 인도의 새 헌법은 카스트 제도에 따른 차별을 금지했다. 하지만 카스트는 2,000년이 넘도록 유지되면서 지금까지도 인도 사회에서 여전히 강력한 영향을 미치고 있다. 불가촉천민은 교육도 받지 못하고, 가장 지저분하고 고된 일을 시켜도 된다는 인식과 편견 때문에 고통받고 있다. 카스트 계급이 다른 남녀의 결혼은 더 이상 불법이 아니지만 여전히 금기시되고 있다.

글을 썼고, 1905년에 첫 번째 시집 『황금 대문』이 출간되어 호평을 받았다. 사로지니는 시를 통해 인도인으로서의 정체성을 드러내려 했다. 첫 시집뿐만 아니라 이후 펴낸 시집 모두 이런 철학을 반영했다. 훗날 어느 전기 작가는 사로지니가 쓴 모든 시구에 "인도의 맛이 배어 있다. 바닷물 한 방울 한 방울에 소금의 짠맛이 밴 것과 마찬가지다"라고 언급했다. 사로지니의 시는 인도 사람들을 그린 것이 많았다. 농부, 뱀 부리는 사람, 떠돌이 가수 등 어릴 때 그가 만난 사람들이었다.

20대 초반에 사로지니는 인도국민회의파라는 정당 활동으로 정치에 발을 들였다. 인도국민회의파는 인도를 점령한 영국을 몰아내려는 해방 운동의 주축이었다. 영국은 100년 이상 여러 방식으로 인도를 지배해온 터였다. 세월이 흐르면서 영국이 물러나기를 바라는 저항이 점점 커졌고, 인도 사람들은 자기들이 여전히 가난한 데 반해 영국은 인도의 풍부한 천연자원을 가지고 배를 불리고 있다고 생각했다. 영국은 불공평한 세금을 강제 부과하는 방식으로 인도인을 차별했다.

1904년, 사로지니는 봄베이현재 뭄바이에서 열린 의회 회의에 참석했다. 회의 참석자들은 영국 문제와 함께 인도 여성이 직면한 문제들도 논의했다. 여자아이는 학교에도 못 가기 일쑤였고 조혼이 비일비재했다. 다섯 살만 되면 나이 많은 남자와 결혼시킬 수 있었다. '퍼다'도 문제였다. 여자는 사람들 눈에 띄면 안 된다며 여성의 삶을 무

역사에 도전한 여성 운동가

지막지하게 제한하는 관습이었다. 사로지니는 영국에서 해방된 인도의 미래상을 만드는 동시에 인도 여자들이 처한 여러 제약에 맞섰다.

인도국민회의파의 영향력 있는 지도자 한 사람이 사로지니로 하여금 조국에 봉사하는 데 일생을 바치도록 격려했다. 사로지니는 주로 학생을 상대로 한 대중 연설로 정치 활동을 시작했다. 인도 독립과 여성들의 인권 개선을 이야기했고, 동시에 종교에서 비롯된 증오심을 없애자고 발언했다. 인도를 대표하는 이슬람교와 힌두교의 갈등은 수백 년 전으로 거슬러 올라간다. 사로지니는 두 종교 모두 상대방에 대한 편견을 버리지 않으면 인도는 절대 하나로 화합할 수 없다고 외쳤다.

1914년, 사로지니는 인도의 미래상은 물론이고 그것을 실현시키

조혼

국제 연합UN은 2012년에 처음으로 '세계 여아의 날'을 정하고 조혼 종식을 촉구했다. 대개 조혼은 불법이지만 오늘날에도 50여 개국에 여전히 관습으로 남아 있다. 국제 연합은 수십 살 많은 남자와 강제로 결혼한 어린아이들이 지나치게 이른 임신으로 건강을 해쳐 크게 고통받고, 교육을 비롯해 여러 기본권을 빼앗긴 채 학대당하기 일쑤라고 설명한다. 국제 연합은 인도, 과테말라, 니제르, 잠비아를 비롯해 조혼으로 인한 폐해가 가장 심각한 국가들에 초점을 맞춰 조혼 금지 프로그램을 마련했다.

는 방법에 있어서 자신의 이상과 일치하는 남성을 만났다. 여전히 건강이 안 좋은 상태로 잠시 영국에 간 사로지니는 런던에서 '마하트마 간디'라고도 불리는 모한다스 간디를 만났다. '마하트마'는 '위대한 영혼'이라는 뜻이다.

간디는 힌두교도였다. 하지만 자이나교와 기독교도 간디가 사티아그라하라는 저항 운동을 발전시키는 데 영향을 미쳤다. 사티아그라하는 '진리 탐구'라는 의미로, 이 저항 운동은 특히 비폭력을 강조했다. 평화적인 시위자들은 부당한 법을 어김으로써 체포되기를 자처했고, 이는 사람들의 관심을 불러일으키는 수단이었다. 때로는 경찰이나 정부 당국이 가하는 육체적, 물리적 공격을 감내해야 했지만 이들과 똑같은 식으로 맞서 싸우기를 거부했다. 사로지니는 간디의 계획이 "기관총이나 칼이 아니라 정신적 저항이라는 무기, 이 무기로 인도를 해방시키는 것"이라고 했다. 사티아그라하 운동의 가장 중요한 핵심을 이끌면서 사로지니는 30년 넘게 간디와 함께했다.

사로지니는 1915년 인도로 돌아왔다. 하지만 그해에 아버지를, 1916년에는 어머니를 잃는 슬픔을 겪었다. 인도 북부 암리차르라는 도시에서 비극적인 사건이 벌어지면서 또 다른 차원의 절망에 빠진 사로지니는 영국인들을 향해 이렇게 말했다.

"당신들은 제국의 자격이 없다. 당신들은…… 영혼을 잃어버렸다."

1919년, 영국은 인도 독립 운동을 겨냥해 가혹하기 이를 데 없는 법을 도입했다. 그 법에 따르면 영국 통치에 반하는 활동을 한 혐의

역사에 도전한 여성 운동가

가 있는 사람은 누구든지 체포하고 가둘 수 있었다. 이 무렵 인도에 돌아와 지내던 간디는 법에 대항하는 사티아그라하를 촉구했다. 사로지니는 '끔찍한 악몽'에 저항하자고 사람들을 독려하면서 가장 먼저 간디를 지지하고 나섰다. 1919년 4월 13일, 영국 군대가 암리차르에 모인 비무장 시위 군중을 향해 발포했다. 무려 300명 이상이 목숨을 잃은 끔찍한 비극이었다.

사로지니는 암리차르 문제와 관련해 영국 정부 당국자들을 만나고자 영국으로 갔다. 이번에는 인도 독립에 전념하던 자치 연맹 대표 자격이었다. 하지만 영국 정부는 발포한 군대의 지휘관을 지탄하는 성명을 낸 것이 고작이었다. 사로지니는 미흡한 조치에 망연자실할 수밖에 없었다. 그는 간디에게 보낸 편지에 "마지막으로 남았던 영국의 정의에 대한 희망과 믿음 한 조각마저 산산조각 났습니다"라고 썼다.

1920년대에는 인도 독립 운동 역사에서 사로지니가 지니는 의미와 중요성이 한층 커졌다. 1925년에는 인도국민회의파 의장으로 선출됐는데, 여성이 의장 자리에 오른 것은 처음이었다. 전 세계에서 주목할 만한 성취가 분명했다. 『뉴욕타임스』는 사로지니를 잔 다르크와 비교했다. 사로지니는 마치 외교관처럼 인도 독립을 알리기 위해 미국, 캐나다를 비롯한 여러 나라를 찾아다녔다.

인도에서는 영국에 대한 저항 운동이 점점 더 많이 전개되었고, 그로 인해 수천 명이 체포되기에 이르렀다. 간디 역시 1922년에 투옥

돼 감옥에서 2년을 보냈다. 사로지니와 간디의 삶의 방식은 아주 딴 판이었지만 정치적 동반자로서 우정과 신뢰는 한층 깊어졌다. 간디 는 '소박한 삶'이라 일컫는 생활 방식을 고수했다. 단순하고 소박한 것의 가치를 믿으면서 손으로 짠 거친 무명옷만 입었고, 영국 제품보 다는 국산품을 사용했다. 또 채식주의자이기도 했다. 반면에 사로지 니는 화려한 비단옷을 무척 좋아했다. 채식에 대해서도 "맙소사! 풀 과 염소젖 말인가요? 절대로요!"라고 말하기도 했다. 하지만 간디에 대한 존경심은 한없이 깊었다. 진심으로 간디를 성자로 여겼다. 그러 면서도 귀가 큰 '미키 마우스'나 '꼬마'라고 놀리곤 했다. 두 사람은 깊은 존경, 따뜻한 배려와 유머가 어우러진 좋은 동지였다.

1930년대 들어 간디는 인도 전역으로, 그리고 전 세계에 파급 효과 를 미칠 다른 저항 운동을 전개해 나갔다. 사로지니가 그 핵심 위치 에 있었다. 새로운 사티아그라하는 소금을 만드는 것이었다.

소금은 날마다, 매 끼니마다 필요했다. 그런데 영국은 인도인, 그 가운데서도 가난한 사람들이 비싼 돈을 치르도록 소금에 무거운 세 금을 매겼다. 이와 더불어 영국 법에 따라 인도인은 소금을 만들지 못하게 했다. 간디는 이 법을 깨부수기로 결심하고 평화 시위대인 무 저항주의자 70명을 이끌고 바다로 가겠노라고 선언했다. 바닷물로 소금을 만들려는 계획이었다. 소금으로 영국의 식민 통치에 저항하 다니, 말도 안 되는 것처럼 보였다. 영국 정부는 물론 인도국민회의 파 내부에서도 의아하게 여기며 갸웃거리는 사람들이 있었다. 하지

역사에 도전한 여성 운동가

만 이는 대단히 천재적인 묘수였다. 모든 사람들에게 영향을 미쳤기 때문이다. 1930년 3월 12일, 시위대는 간디가 살던 인도 서부를 출발해 아라비아해에 있는 단디까지 385킬로미터를 걸었다. 행진하는 동안 각 지역에 도착할 때마다 수백 명이 대열에 합류했다.

초기에만 해도 이 행진에 여성은 전혀 보지 않았다. 사로지니가 참여하기로 결심한 뒤에야 수천 명이 넘는 여성이 가세했다. 1930년 4월 5일, 단디에 도착한 대열은 기도하며 밤을 보낸 뒤 바닷물을 모으기 위해 바다로 들어갔다. 사로지니의 측근 한 사람은 여성들이 바다로 성큼성큼 들어가는 광경을 이렇게 묘사했다.

"위풍당당한 전사들 같았다. 다만 무기 대신 점토와 놋쇠, 구리로 만든 항아리를 품고 있었다."

시위대는 소금을 만드는 데서 한 걸음 더 나아가 위법적으로 만든 소금을 내다 팔았다. 이들은 "우리는 법을 어겨 자유를 얻었다. 누가

여성과 소금 행진

소금 행진은 인도 독립 운동사에서 새로운 차원의 여성 참여 운동으로 기록되었다. 영국의 소금법은 인도인들의 일상에 막대한 영향을 미쳤다. 소금 저항 운동은 전국으로 퍼졌는데, 주로 여성들 덕이었다. 여성들은 소금 생산 금지법을 무릅쓰고 소금을 만들었고 이를 시장에 내다 팔기도 했다. 소금 행진은 모든 계층의 인도 여성이 저항 투쟁에 참여한 사건이었다.

자유의 소금을 살 텐가?"라고 소리 높여 외쳤다.

수천 명이 체포됐다. 5월 5일, 간디도 잡혀갔다. 하지만 또 다른 소금 행진이 계획되어 있었고 이제는 사로지니가 지도자가 되어 앞장섰다. 비폭력 행동에 헌신하는 시위대 2,500여 명이 봄베이 북쪽 다라사나 소금 공장을 향했다. 이들이 염전 주변 울타리를 치우려는 순간 경찰이 공격해왔다. 사로지니는 "두들겨 맞더라도 저항하면 안 됩니다"라고 사람들을 다독였다. 사티아그라하는 어떤 상황에서도 무력을 사용하지 않아야 했기 때문이다.

훗날 어느 기자는 그날을 이렇게 전했다.

"평화로운 시위대가 흠씬 두들겨 맞아 피투성이가 된 모습이 너무나도 끔찍해 고개를 돌릴 수밖에 없었다."

기자는 사로지니가 체포되던 모습도 기록했다.

"영국 경찰 하나가 팔을 잡더니 '사로지니 나이두, 당신은 체포됐다'고 했다. 그러자 나이두는 웃으면서 경찰의 손을 떨쳐내더니 이렇게 얘기했다. '갈 테니 내 몸에 손대지 마시오.'"

체포될 때 사로지니는 항상 침착하고 냉정해 보였다. 한 목격자가 전한 바에 따르면 화려한 사리를 입고서 길에 놔둔 흔들의자에 앉아 경찰차가 오기를 기다리기도 했다. 다라사나 소금 공장 사건으로 사로지니는 일곱 달 정도 감옥에 있었다. 소금 저항 운동에 참여한 사람들 중 약 6만 명이 연말까지 감옥에 갇혀 있었다.

인도 총독은 다라사나 사건이 별일 아니라고 영국 국왕에게 보고

역사에 도전한 여성 운동가

했다. 두개골 골절과 발길질로 인한 통증으로 병원에 실려 온 사람들을 봤다는 기자도 있었지만 인도 총독인 어윈 경은 국왕에게 이런 편지를 보냈다.

"폐하, 다라사나에 관해서는 즐거운 마음으로 읽으셔도 됩니다."

어윈 경은 그저 '경미한 부상자'가 있다고 주장했다.

지도자들은 심각하게 받아들이지 않았는지 모르지만 다라사나 사건은 여러 면에서 의미 있는 결과를 가져왔다. 인도 사람들은 자유를 얻기 위해 기꺼이 고통을 감내하고 감옥에 가겠다는 뜻을 전했다. 세계 각지의 언론도 '위대한 혁명 운동이 인도를 휩쓸고 있다'고 보도하면서 예의 주시했다. 영국은 인도 자치에 관해 이야기하지 않을 수 없는 상황이 되었다. 사로지니와 간디는 석방된 뒤 새로운 논의를 하기 위해 1931년 영국으로 갔다.

영국이 최종적으로 인도 식민 통치를 포기하기까지는 그 뒤로도 16년이 더 걸렸다. 1942년 제2차 세계 대전 중에 간디는 마지막으로 전국적인 사티아그라하를 조직했다. '인도 철수 운동'이라는 사티아그라하였다. 하지만 계획을 발표하자마자 간디와 사로지니는 체포되고 말았다. 결국 수만 명이 잡혀가고 투옥되었다. 사로지니는 거의 2년 동안 감옥에 있으면서 다른 죄수들에게 밥을 지어주고 꽃을 가꾸며 시간을 보냈다.

1947년, 드디어 인도는 독립했지만 대가를 치러야 했다. 사로지니와 간디는 자주독립한 인도에서 힌두교도와 이슬람교도의 통합이 이뤄지기를 바랐다. 하지만 두 사람의 꿈과 이상은 분할 조치로 물거품이 되고 말았다. 인도는 이슬람교도가 다수인 파키스탄과 힌두교도가 다수인 인도, 두 나라로 나뉘고 말았다. 끔찍한 폭력 시대가 닥쳤다. 100만 명이 폭동과 싸움으로 목숨을 잃었다. 간디는 유혈 사태를 막으려 애썼지만 독립한 지 여섯 달도 지나지 않은 시점에 힌두교 광신자에게 암살당했다.

사로지니는 망연자실했다. 하지만 인도를 위해 할 일을 계속해 나갔다. 인도 최초로 여성 주지사가 되었는데, 힌두교도와 이슬람교도가 섞인 우타르 프라데시 주의 주지사였다. 사로지니는 간디가 세상을 뜨고 1년 뒤인 1949년 3월 2일 심장마비로 사망했다. 그의 나이

정치적 자유를 위해 움직인 여성들

2010년 '아랍의 봄'에 참여한 여성들도 사로지니 나이두처럼 정치적 자유를 위해 싸웠다. 이들은 독재자에 맞선 봉기에서 핵심 역할을 했다. 튀니지, 이집트, 리비아, 예멘 4개국의 독재자들이 권좌에서 쫓겨났다. 예멘에서는 타우왁쿨 카르만Tawakkol karman이 혼자 힘이나 다름없이 저항 운동을 펼쳐 널리 알려졌다. 비폭력을 주장한 카르만은 2011년 노벨 평화상을 받았다.

역사에 도전한 여성 운동가

일흔이었다.

불과 열네 살에 "숭고한 이상이 나의 빛나는 꿈이 되었네"라는 시구를 지은 사로지니는 일평생 인도 독립이라는 드높은 이상을 위해 헌신했다. 그 헌신을 기리기 위해 수천 명이 강가에 운집해 힌두식 장례 관습에 따라 그의 뼛가루를 뿌리는 모습을 지켜보았다.

사로지니가 추구한 종교 통합은 아직 이뤄지지 않았다. 카스트 제도와 여성의 자유에 대한 희망도 여전히 실현되지 않았다. 하지만 사로지니는 간디와 함께 대영 제국을 뒤엎는 역사를 이루어냈다. 그것도 비폭력적인 수단으로 말이다. 사티아그라하는 1960년대 시민권 운동을 비롯해 위대한 여러 개혁 운동에 영감을 주었다.

비단 사리를 두른 자그마한 여인은 단 한순간도 품위를 잃지 않았다. 사로지니 나이두가 세상을 떠난 뒤 인도 초대 총리인 자와할랄 네루는 깊은 존경심을 표했다. 네루는 사로지니가 "가벼운 마음으로, 노래를 흥얼거리며 입가에 미소를 띤 채" 정면으로 재앙을 받아들였다고 말했다. 진정코 아름다운 삶을 살아냈다고, 그의 삶 자체가 한 편의 시였다고.

"남아프리카 공화국은 여기 사는 모든 사람들,
흑인과 백인 모두의 것이다."

Ruth First 루스 퍼스트

1925 - 1982

조 슬로보는 자기 자신은 물론 아내 루스 퍼스트가 끔찍하게 죽을 지도 모른다는 걸 늘 예감하고 있었다. 두 사람은 목숨을 걸고 남아프리카 공화국 정부를 상대로 싸우고 또 싸웠다. 정부는 저항하는 이들을 가두고 고문하고 무참히 살해했다. 조는 루스에게 조심하라고 일렀다.

"모르는 사람에게는 절대 문 열어주지 말아요."

심지어 우편물을 열어볼 때도 거듭 조심하라고 당부했다. 편지 안에 폭탄을 넣는 것은 공공연한 암살 수법이었다.

1982년 8월 17일, 조는 전화 한 통을 받았다. 모잠비크 마푸투의 에두아르도 몬들라네 대학교에서 일하는 루스의 연구실 동료였다.

"빨리 와보세요. 일이 생겼어요."

서둘러 연구소로 달려간 조는 두세 계단씩 뛰어 올라갔다. 사람들이 많이 모여 있고, 폭발로 인한 잔해가 여기저기 흩어져 있었다. 부서진 책상 뒤로 뭔가가 삐져나와 있었다. 루스의 발이 눈에 들어왔다. 가장 좋아하던 신발을 신고 있었다. 꿈쩍도 안 하는 것을 본 조는 아내가 죽었다는 사실을 깨달았다.

　루스 퍼스트는 남아프리카 공화국 경찰이 보낸 폭탄 소포에 목숨을 잃었다. 이때 나이 쉰일곱이었다. 30년이 넘는 세월 동안 루스의 목표는 조국에서 아파르트헤이트라는 해악을 제거하는 것이었다. 무엇보다도 중요한 대의명분이었다. 남아프리카 공화국에서는 아파르트헤이트 법으로 백인에게 모든 권력을 부여했다. 인구의 대다수가 흑인이었음에도 말이다.

　조와 루스는 백인이었지만 여느 백인들과는 달랐다. 두 사람은 아파르트헤이트가 잘못된 정책이라고 판단했다. 루스는 인종 차별을

루스의 딸들

루스 퍼스트가 희생한 많은 것들 가운데는 평범한 부모 자식 관계도 포함됐다. 어머니가 죽은 뒤 루스의 세 딸 중 둘이 부모의 삶에 대해 이야기를 풀어놓았다. 질리언 슬로보는 세계적인 베스트셀러 『모든 것이 비밀: 내 가족, 내 조국』을 썼고, 숀 슬로보는 흥행에 성공한 장편 영화 〈월드 아파트〉의 시나리오를 집필했다. 두 작품 모두 위험한 시공간에서 헌신한 운동가 부모를 둔 탓에 힘겨웠던 자녀들의 어린 시절을 솔직하게 그렸다. 아이들은 부담스러운 비밀을 지키기 위해 늘 애써야 했고, 행여나 위험에 빠질 수도 있기 때문에 누구도 믿어서는 안 된다고 교육받았다. 심지어 부모가 어디 있는지도 모르기 일쑤였다.

　　역사에 도전한 여성 운동가

합법화한 아파르트헤이트를 폐지하기 위해서라면 어떤 고통이라도 기꺼이 감내하기로 각오했고 실제로도 그랬다. 감옥에 들어가고, 평범한 가정생활을 포기하고, 망명을 하고, 마지막엔 결국 목숨까지 잃었다. 루스 퍼스트를 비롯한 여러 사람의 노력으로 부당한 인종 차별법 아파르트헤이트는 결국 사라지게 되었다.

　루스 퍼스트는 어릴 때부터 남아프리카 공화국 백인 대다수의 규범과 가치에서 벗어나 있었다. 1925년 5월 4일, 루스는 요하네스버그에서 율리우스 퍼스트와 마틸다 (틸리) 퍼스트 사이에서 태어났다. 율리우스와 마틸다는 둘 다 유대인이었다. 이는 곧 반유대주의를 경험했다는 뜻이다. 동북부 유럽에 살면서 겪은 차별 때문에 두 사람은 1900년대 초에 남아프리카 공화국으로 떠나왔다. 남아프리카 공화국에서는 비교적 차별이 덜했기 때문이다. 율리우스는 요하네스버그에서 가구 사업을 시작했고, 가족은 곧 안락하게 살게 됐다. 공산당원이었던 율리우스와 마틸다는 열정적으로 정치 활동에 참여했다. 공산당은 흑인 당원도 받아들였고, 흑인의 국정 참여를 요구하는 몇 안 되는 정치 단체 중 하나였다. 루스가 어릴 때만 해도 아파르트헤이트는 아직 시행되지 않았다. 하지만 나라 전체가 매우 인종 차별적이었다. 백인이 아닌 사람은 극심한 불평등으로 고통받았다. 퍼스트 가족이 공산주의자였다는 것은 좋게 표현하자면 무언가 남달랐다는 의미다. 루스의 어머니는 "우리 식구들에겐 평범한 친구는 없었어"라고 말했다. 사람들은 대부분 공산주의자를 두려워하고 싫어했다.

그런 가운데 어린 루스와 남동생 로널드는 부모와 함께 정치 집회에 다니면서 성장했다.

똑똑한 루스는 학교에서도 말솜씨 좋고 돋보이는 학생이었다. 고등학교 시절 한 친구는, 루스가 뛰어났다고 칭찬했지만 사실은 소심하다는 것을 알아차렸다.

"처음부터 알았어요. ……루스는 수줍음이 많았고 혼자 있으려고 했거든요. 늘 선글라스를 쓰고 다녔는데 시커먼 안경 너머로 숨고 싶은 거였죠."

비트바테르스란트 대학교에 진학한 루스는 이곳에서도 아프리카 역사와 영어 수업을 주로 들으며 영민함과 실력을 보여주었다. 1940년대 초 비트바테르스란트 대학교는 모든 인종의 학생들을 통합했는데, 루스는 그 덕분에 인도인 법학도이자 운동가를 만날 수 있었다. 다른 인종끼리 연인이 되는 경우는 흔치 않았다. 사람들은 공공연히 눈살을 찌푸리며 못마땅한 기색을 비쳤지만 두 사람은 4년이나 사귀었다. 훗날 아파르트헤이트는 다른 인종 간 결혼을 법으로 금지했으며, 백인이 아니면 대학에 들어갈 수조차 없게 만들었다.

1946년 대학을 졸업한 루스는 요하네스버그 시의회에서 문서 작업과 연구 업무를 하는 일자리를 얻었다. 하지만 얼마 가지 못하고 그만두고 말았다. 흑인 노동자들의 역사적인 파업을 지원하기 위해서였다. 남아프리카 공화국에서 금을 캐는 일을 하는 흑인 노동자들은 위험한 환경에서 작업을 해야만 했다. 금광 소유주인 백인들은 날

역사에 도전한 여성 운동가

이 갈수록 부유해졌지만 흑인 노동자들은 형편없는 보수를 받을 뿐이었다. 갈등이 깊어지자 노동자들은 파업을 벌였고, 이내 폭력 사태로 번졌다. 경찰은 파업 참가자들을 무자비하게 때리고 총을 쏘았다. 1,000명 이상이 부상을 입고, 최소한 9명이 목숨을 잃었다. 파업은 순식간에 진압되었다.

금광 파업이 끝난 뒤 루스는 언론인이 되었다. 작은 신문사 기자로 일하면서 다른 사람들과 정치적 견해를 주고받았다. 머지않아 루스는 부패와 만행을 폭로하는 기사로 이름을 알리기 시작했다. 경찰이 경범죄로 체포한 흑인 남성을 백인 농장주에게 넘겨 무보수로 강제 노역을 시킨다는 사실을 밝혀내기도 했다. 루스의 기사로 백인 농장주에 항의하는 시위가 벌어졌고, 그 결과 잘못된 관행을 줄이는 계기가 되었다. 언론인이라는 신분은 루스의 활동에 아주 중요한 도구였다. 루스는 세상을 떠날 때까지 기사와 기고문을 쓰고 책을 펴내며 쉬지 않고 인종 차별과 정치에 관한 글을 썼다.

1948년, 스물세 살이 된 루스는 조 슬로보와 사귀기 시작했다. 조는 루스와 다른 가정 환경에서 자랐다. 부모가 매우 가난했기 때문에 열네 살에 학교를 그만두고 일을 해야만 했다. 제2차 세계 대전에 참전했던 조는 남아프리카 공화국으로 돌아와 변호사가 되었다. 친구들은 루스와 조가 정반대 성격이라고 했다. 조는 느긋하고 자신만만한 반면 루스는 곧잘 불안해했다. 이따금 까다롭게 굴고, 쉽게 만족하는 성격은 아니었지만 루스는 무척 사랑받는 사람이었다. 조와 루스 모두 열성적인 공산주의자였고, 정치적 신념과 정치 활동이 두 사람을 하나로 묶어주었다. 1949년 즈음 함께 살던 두 사람은 루스가 임신하자 결혼하기로 결심했다. 하지만 결혼 이후에도 루스는 남편의 성을 따르지 않았다. 결혼한 여자는 남편의 성을 따르는 것이 보편적인 시절이었다. 오래지 않아 두 사람은 딸 셋을 낳았다. 1950년에는 숀, 1952년에는 질리언, 그리고 1953년에는 로빈이 태어났다.

루스와 조가 결혼하기 전해에 국민당NP이라는 정당이 남아프리카 공화국 선거에서 승리했다. 국민당은 인종 분리 정책을 강화해 백인 유권자들에게 더욱 강력한 힘을 보장하겠다고 공약했다. 1948년 선거에서 이긴 국민당은 즉시 아파르트헤이트를 시행했다. 목적은 간단하고 명료했다. 백인이 아닌 사람은 아예 백인에게 접근하지 못하게 하는 것, 그리고 백인에게 모든 특권과 지배권을 안겨주는 것이었다.

남아프리카 공화국 사람들은 오로지 인종에 따라 분류되었다. 출신 인종이 모든 것을 지배했다. 어디에 살지부터 어디에서 일할 수 있는지, 심지어 누구를 만날 수 있는지까지. 범주는 4가지로 나뉘었다. 아프리카 흑인인 반투족, 혼혈 유색인종, 인도·파키스탄계 동양인, 그리고 백인. 이미 있던 법률도 흑인이 토지를 소유하지 못하도록 엄격하게 제한했는데 아파르트헤이트는 이러한 관행을 계속 유지했다. 전체 토지 가운데 최소한 80퍼센트가 백인 수중에 있었다. 수적으로 따지면 백인이 전체 인구에서 차지하는 비율은 고작 20퍼

역사에 도전한 여성 운동가

센트에 지나지 않았는데도 말이다. 국민당은 백인들만 살 수 있고, 재산을 소유할 수 있고, 사업을 할 수 있는 지역을 만들고는 원래 살던 흑인들을 강제로 이주시켰다. 백인이 아닌 사람이 백인 구역을 방문하려면 그곳에 가도 된다는 허가를 받았다는 것을 입증하는 통행증이 있어야 했다. 백인이 아니면 관직에 오를 수도 없었고, 모든 경제적 이득도 백인에게 돌아갔다.

이런 불평등 정책에 반발하는 백인은 거의 없었다. 그런 가운데 루스와 조가 반대를 하고 나섰다. 질리언 슬로보는 부모의 삶을 이야기한 책에서 백인들은 대부분 아파르트헤이트 덕분에 부유해질 기회를 얻어 행복에 겨웠다고 말했다. 백인들은 흑인들에게 무슨 일이 벌어지는지 전혀 관심이 없었고 걱정 따위는 하지 않았다. "하지만 어머니와 아버지는 그렇지 않았다"고 질리언은 회고했다. 정부가 반대하는 이들을 가혹하게 탄압했음에도 불구하고 조와 루스는 아파르

아파르트헤이트의 의미

아파르트헤이트는 남아프리카 아프리칸스어로 '분리', '격리'를 뜻한다. '아프리카너'라 불리는 백인들은 네덜란드, 독일, 프랑스에서 건너온 유럽 출신 정착민들의 후손이다. 남아프리카 공화국 백인 인구의 다수를 구성하는 게 바로 이들이다. 백인 인구 중에는 영국 정착민들의 후손으로 영어를 쓰는 이들도 있다. 남아프리카 공화국에서는 모든 백인이 아파르트헤이트가 부여한 특별한 권력을 누렸다.

트헤이트와 관련된 모든 규정을 어겼다. 질리언의 말에 따르면 정부가 탄압하면 할수록 "어머니와 아버지는 더 강력하게 맞섰다".

10년이 넘는 세월 동안 아파르트헤이트의 부당함을 알리고자 한 운동가들은 평화 시위 형태로 투쟁했다. 1952년에 시작된 시위는 '불복종 운동'이라고 불렸다. 남아프리카 공화국 역사상 최대 규모의 비폭력 저항 운동이었다고 말하는 사람들도 있다. 불복종 운동은 비백인들의 권리 찾기에 헌신한 아프리카민족회의ANC가 조직했고, 불복종 운동 기간 동안 루스와 조는 아프리카민족회의를 이끄는 넬슨 만델라를 도왔다. 루스와 넬슨 만델라는 대학 시절 친구였다. 불복종 운동은 사람들에게 통행 허가증 소지처럼 부당한 법에 복종하기를 거부하라고 했다. 정부는 8,000명을 감옥에 보내고, 저항을 막는 법을 더 많이 도입하는 것으로 대응했다.

정부는 반대자들의 입을 틀어막는 새로운 수단을 끊임없이 만들어냈다. 여러 민족으로 구성된 공산당은 아파르트헤이트에 반대한다는 뜻을 공개적으로 밝혔다. 그 결과 1950년에 불법 단체로 지정되어 법으로 활동이 금지되었다. 정치 활동 금지, 특히 개인의 정치 활동 금지는 남아프리카 공화국에만 있다고 할 수 있는 특이한 규제였다. 정부는 마음에 들지 않으면 개인의 정치 활동을 막았고, 갈 수 있는 장소와 만날 수 있는 사람까지 제한했다. 정부에 반대하는 책, 잡지, 신문도 금지됐다. 불법 출판물이나 아파르트헤이트 법을 위반한 증거가 될 만한 것들을 찾아내려고 경찰이 운동가들의 집에 불시에

역사에 도전한 여성 운동가

들이닥치는 일이 비일비재했다.

루스는 1951년에 처음으로 언론·정치 활동 금지령을 받았다. 하지만 이에 굴하지 않고 계속해서 아프리카민족회의 등 아파르트헤이트 반대 단체들과 함께 활동했다.

루스 퍼스트의 위업 가운데 하나는 역사적인 자유 헌장을 만드는 데 기여한 것이다. 자유 헌장은 이런 선언문으로 시작된다.

"우리 나라는 물론 전 세계가 알아야 한다. 남아프리카 공화국은 여기 사는 모든 사람들, 흑인과 백인 모두의 것이다. 만약 인민의 의지에 기반하지 않는다면 어떤 정부도 정당하게 권위를 주장할 수 없다."

1955년 6월, 아파르트헤이트 반대 운동가 3,000명이 인종 차별 없는 남아프리카 공화국을 위한 자유 헌장을 채택하기 위해 한자리에 모였다. 모임을 마무리하려는 순간, 기관총으로 무장한 경찰들이 들이닥쳤다. 경찰은 문서를 압수하고 그곳에 있던 사람들의 이름을 죄다 기록했다. 루스와 조는 정치 활동이 금지된 상태였기 때문에 그 자리에 참석하지 않았었다.

하지만 두 사람은 1956년 12월 5일, 경찰의 급습으로 검거되었다. 총 156명이 교도소에 잡혀 들어가고 조국을 배신한 반역죄 명목으로 기소되었다. 넬슨 만델라와 아프리카민족회의 조직원들도 체포되어 정부를 전복시키기 위해 폭력적인 음모를 꾸몄다는 혐의로 기소되었다. 질리언 슬로보는 경찰이 들이닥친 뒤 신문 기자들이 와서 세

자매가 아침 먹는 모습을 사진으로 찍었다고 말했다. 당시 여섯 살이던 숀은 기자들에게 "엄마는 흑인들을 보살피러 감옥에 갔어요"라고 얘기했다. 피고인들은 결국 모두 무죄 판결을 받았다. 판사는 폭력 계획의 증거가 없다고 했다.

비폭력적인 방법에 몰두하던 운동가들은 1960년 3월 21일, 샤프빌에서 발생한 사건을 계기로 생각을 바꾸게 되었다. 그날은 전국 각지에서 온 수천 명의 시위대가 통행 허가 반대 운동에 참여하고 있었다. 시위대는 통행증이 없었기 때문에 법을 어기긴 했지만 평화롭게 경찰서로 행진했다. 하지만 경찰은 군중에게 발포하는 것으로 대응했다. 69명이 사망하고 약 200명이 부상을 입었다.

국제 연합과 전 세계 여러 국가가 남아프리카 공화국을 규탄했다. 하지만 정부는 개의치 않았다. 시위대의 자업자득이라고 주장했다. 오히려 국가 비상 사태를 선포한 뒤 또다시 강력한 탄압에 나섰다. 아프리카민족회의를 비롯해 정치 단체들의 활동을 금지했다. 경찰은 한밤중에 운동가들의 집을 급습했다. 조도 체포되었다. 루스를 잡으러 다시 올 게 분명했으므로 루스는 아이들 짐을 챙겨 몸을 피했다. 몇 개월 뒤 조가 풀려나자 가족은 다 같이 요하네스버그에 있는 집으로 돌아갔다. 질리언은 이때 '다시는 예전과 똑같아질 수 없다'는 사실을 알게 되었다.

질리언의 예상이 맞았다. 샤프빌 사건을 목격한 반아파르트헤이트 지도자들은 평화 시위로는 목적을 달성할 수 없다고 생각하게 되

역사에 도전한 여성 운동가

었다. 넬슨 만델라와 조 슬로보는 '움콘토 웨 시즈웨'라는 아프리카 민족회의의 새로운 비밀 군사 조직 사령관이 되었다. 줄루어로 '민족의 창'을 뜻하는 움콘토 웨 시즈웨는 무력으로 정부에 맞서고, 정부 재산과 공공 서비스에 폭탄 공격을 가했다. 이후 수십 년 동안 수많은 사람이 목숨을 잃긴 했지만, 만델라는 언제 어떤 작전을 수행하든 사람이 죽어서는 안 된다는 생각을 마음에 품고 있었다. 만델라의 목표는 정부로 하여금 운동가들과 대화하고 정책을 바꾸게 만드는 것이었다. 움콘토 웨 시즈웨는 무력 사용에 대한 책임이 정부에 있다고 말했다. 정부가 '권리와 자유에 대한 평화적인 요구를 전부 거부하면서 일일이 무력과 더 큰 무력으로 대응했기 때문'이라는 것이다. 루스는 절대적으로 필요한 변화라고 믿었다. 10년 뒤 루스는 아파르트헤이트가 너무나도 잘못된 제도임을 피력하면서 "파괴 외에는 바꿀 방법이 없다"는 글을 썼다.

　루스와 조가 벌이는 일은 거의 대부분 불법이었기 때문에 아이들에게도 사실대로 이야기할 수가 없었다. 릴리언은 "일상 곳곳에 비밀이 떠다녔다"고 말했다. 한 아프리카민족회의 활동가의 말에 따르면 루스는 "거의 모든 저항 운동 활동에서 가장 중요한 인물"이었다. 이는 불법 정치 집회에 참여한다는 의미였다. 남아프리카 공화국의 유명한 소설가이자 운동가인 한 사람은 루스 퍼스트를 비행기에서 본 경험을 서술했다. 루스는 정부 당국이 악용할지 모르는 증거가 담긴 서류들을 갈기갈기 찢더니 변기에 넣고 물을 내렸다고 한다.

1963년 7월 11일, 요하네스버그 외곽의 리보니아에 있는 농가에 경찰이 들이닥쳤다. 경찰은 파괴 공작의 증거를 찾아낸 뒤 움콘토 웨시즈웨 조직원들을 체포했다. 이미 체포된 상태였던 만델라는 다른 몇 사람과 함께 10월 재판에 회부되었다. 국제적으로 남아프리카 공화국 정부에 반대하는 항의가 격렬했던 덕분에 사형은 면할 수 있었다. 1964년, 넬슨 만델라는 다른 7명과 함께 가석방 가능성이 없는 무기 징역을 선고받았다.

조 슬로보가 붙잡히지 않은 것은 순전히 운 덕분이었다. 리보니아 습격 사건이 있기 전에 임무를 수행하기 위해 떠나 있었던 것이다. 돌아가면 체포될 수밖에 없었던 탓에 조는 요하네스버그에 루스와 아이들을 남겨둔 채 영국으로 건너갔다. 그리고 1963년 8월 9일, 루스는 체포되었다. 학교에서 돌아온 세 딸은 경찰이 뒤엎어 엉망이 된 집에서 어머니가 여행 가방에 짐을 싸는 모습을 발견했다. 경찰은 루스를 차에 태우고 가버렸다. 딸들은 할머니와 함께 덩그러니 남겨졌다.

이때가 루스 퍼스트의 인생에서 가장 힘겨운 시간이었을 것이다. 조 슬로보는 경찰이 정신적인 '고문 기술'을 썼다고 말했다. 법에 따르면 경찰은 법적 도움을 받거나 외부인과의 접촉 없이, 심지어 어디에 있는지조차 알리지 않고 억류할 수 있었다. 루스는 다른 죄수들과 격리돼 독방에 갇혔다. 아이들에게 무슨 일이 일어날지 모른다는 두려움에 시달렸고, 다른 운동가들에 관한 비밀을 누설해 그들이 체포되거나 더 나쁜 상황이 벌어질까 봐 겁에 질렸다. 루스는 움콘토 웨

역사에 도전한 여성 운동가

시즈웨의 작전을 알고 있었고, 경찰이 습격하기 전에는 거의 매일 리보니아 농가에 갔다. 반복되는 심문으로 배신할지도 모른다는 불안에 시달리던 루스는 약을 먹고 자살을 기도할 지경에 이르렀다. 하지만 다행히 약이 치사량에 이르지 않아 목숨을 건졌다.

117일 뒤 경찰은 루스를 석방했다. 왜 풀려났는지는 알 수 없었지만 경찰이 다시 체포하리라는 것은 분명했다. 하지만 조국을 떠나자니 망설여졌다. 루스는 남아서 투쟁을 이어가고 싶었다. 당장은 정부의 승리였다. 리보니아 재판을 통해 저항 운동 지도자들을 투옥함으로써 반대파의 입을 거의 다 막아버렸다. 루스는 오롯이 혼자인 셈

117일

영국으로 이주한 루스는 『117일』을 썼고 이 책은 베스트셀러가 되었다. 『117일』은 남아프리카 공화국 감옥에서 보낸 4개월을 기록한 것이다. 아프리카 정치에 대해 쓴 책도 9권이나 있지만 『117일』은 개인적인 이야기이다. 한 언론인은 이 책을 두고 "벼랑 끝에 선 여성"을 그렸다면서 "루스 퍼스트는 스스로 무너지고 말까 봐 몹시 두려워했다"고 했다. 조 슬로보는 루스가 자기 자신보다는 남아프리카 공화국의 "육체적, 정신적 고문 기계"로 인한 희생자들에게 세계가 관심을 쏟게 하려고 애썼다고 말했다. 『117일』은 영화로 제작되어 책과 더불어 수많은 이들에게 남아프리카 공화국 정부와 경찰의 잔학 행위를 폭로했다.

이었다. 해외로 이주하는 데 필요한 서류들을 신청한 뒤 루스는 1964년 3월 14일, 영국에서 조와 함께 살기 위해 딸들과 함께 떠났다. 그러고 나서 다시는 남아프리카 공화국에 발을 들이지 못했다.

이후 세상을 떠날 때까지 루스는 아파르트헤이트 반대 운동을 한시도 멈추지 않았다. 감옥에서 보낸 시간을 담은 저서 『117일』을 비롯해 여러 책을 썼다. 교단에도 섰는데, 1977년에는 모잠비크 마푸투에 있는 에두아르도 몬들라네 대학교에서 연구소장 자리를 얻게 되었다. 모잠비크는 남아프리카 공화국에 인접한 이웃 국가다. 새 정부가 들어선 모잠비크는 조와 루스가 활동을 이어 나가기에 맞춤한 장소였다.

당연히 위험도 뒤따랐다. 1981년에는 마푸투에 사는 아프리카민족회의 사람들이 습격을 당해 최소 12명이 살해됐다. 루스는 조가 걱정이었다. 움콘토 웨 시즈웨 활동을 계속하고 있었기 때문이다. 하지만 정작 목숨을 잃은 건 루스였다. 루스 암살 임무를 맡은 남아프리카 공화국 경찰들이 그녀의 사망 소식을 듣고 자축했다는 보도가 지금도 남아 있다.

죽기 전에 루스는 아직 감옥에 있던 넬슨 만델라가 쓴 책 『자유를 향한 머나먼 길』의 서문을 썼다. 비록 만델라는 감옥에 있지만 여전히 "자신감, 힘, 도덕적 권위"가 있으며 "이를 통해 언젠가는 아파르트헤이트를 무너뜨릴 것"이라는 내용이었다. 루스의 말이 맞았다. 26년 뒤인 1990년 2월 11일에 만델라는 석방되었고, 프레데리크 빌렘

역사에 도전한 여성 운동가

데클레르크 남아프리카 공화국 대통령과 함께 아파르트헤이트를 종식시키기 위해 몸을 아끼지 않았다. 이 일로 두 사람은 1993년 노벨 평화상을 받았다. 1994년에는 모든 국민이 투표권을 행사한 첫 번째 선거에서 아프리카민족회의가 승리했다. 만델라는 대통령이 되었고 조 슬로보는 초대 다민족 정부에서 주택장관이 되었다.

새로운 남아프리카 공화국에서 데스몬트 투투 대주교가 이끄는 '진실과 화해 위원회'가 이전 정권이 자행한 각종 범죄 행위 조사에 나섰다. 위원회는 세계적인 자비와 정의의 본보기가 되었다. 위원회의 목적은 처벌이 아니라 인종 차별주의에 근거한 범죄 행위를 기록으로 남기는 것이었다. 자기가 저지른 행동을 공개적으로 진실하게 이야기하는 사람은 누구라도 사면되고 용서받을 수 있었다. 루스 퍼스트에게 폭탄을 보내라고 명령한 크레이그 윌리엄슨과 실제로 폭탄을 제조한 로저 제리 레이븐은 자발적으로 증언했고, 진실과 화해 위원회에서 심사숙고한 끝에 사면이 결정되었다.

루스 퍼스트는 남아프리카인 수백만 명을 위한 자유의 길을 닦았다. 그가 세상을 떠난 뒤 동료 운동가는 "저항 운동의 마지막 30년 동안 중요 결정 가운데 루스의 흔적이 없는 것은 하나도 없다"고 했다. 조는 세상이 아내를 강인하고 자신감 넘치는 사람으로 봤지만 정작 루스 본인은 자기 불신으로 고통스러워한 적이 많았다고 했다. 루스는 막연한 성과에 대한 두려움, 불확실성에 대한 불안감을 쉽게 극복하지 못했다. 감옥에 있을 때 조에게 보낸 편지를 보면, 루스는 무엇이 '진짜 영웅'을 만드는지 얘기하면서 불굴의 정신으로 고군분투하는 사람이 바로 영웅이라고 했다.

　루스는 자기 자신을 영웅으로 여기지 않은 것이 분명하다. 하지만 오늘날 남아프리카 공화국은 물론 전 세계 사람들이 그를 영웅으로 여기는 데는 의심의 여지가 없다. 2010년, 루스 퍼스트가 다닌 고등학교에서는 그의 이름으로 된 상을 만들었다. 학교 관계자들은 "용감한 이들에게 지나치게 힘든 일은 없다"는 교훈을 강조하면서 이런 질문을 던졌다. "어느 누가 루스 퍼스트보다 더 훌륭한 본보기가 되겠습니까?"

　　　　　　　역사에 도전한 여성 운동가

" 결혼 생활과 사회생활을 병행하는 법에 대해
조언을 구하는 남자를 여지껏 본 적이 없다. **"**

Gloria Steinem 글로리아 스타이넘

1934 -

1969년 3월, 글로리아 스타이넘은 30대 중반이었고 뉴욕 시에 사는 성공한 작가이자 언론인이었다. 아름답고 매력 넘치는 글로리아는 유명 잡지와 매체에 이름을 내걸고 칼럼을 기고하고, 뉴욕에서 가장 세련된 사교계 사람들과 어울렸다. 『뉴스위크』 같은 잡지들은 "굉장히 매력적인 흑갈색 머리의 백인 여성"과 데이트하는 유명한 남성들을 기사로 다뤘다. 그러나 글로리아 스타이넘은 베트남 전쟁 반대부터 가난한 농업 노동자에 대한 관심 촉구까지 수많은 정치 운동에 참여했다.

하지만 페미니스트는 아니었다. 어느 날 잡지 일 때문에 어느 페미니즘 행사에 참석하기 전까지는. 뜻하지 않은 자리에서 그는 세상을 바라보는 방식이 완전히 바뀌고 말았다. 글로리아는 남성이 지배하는 법과 문화에 예속된 여성들, 삶의 거의 모든 면에서 남성과 불평등한 처지에 놓인 여성들을 보았다. 그때부터 여성 해방 운동에 몸과 마음을 오롯이 다 바쳤다. 분노와 조롱에 노출되고 사회생활 경력에 아슬아슬한 위기가 닥치는 것도 무릅써야 했다. 글로리아 스타이넘은 페미니즘 운동 역사에서 가장 성공한 인물, 가장 대중적인 아이콘이 되었다. 오늘날 서구에서 아이부터 어른까지 모든 여성이 당연하게 누리는 평등을 위해 앞장선 인물이 바로 글로리아 스타이넘이다.

성공적인 뉴욕 생활을 누리던 당시 글로리아의 어린 시절을 아는 사람은 거의 없었다. 실상 글로리아는 가난 속에서 정신적으로 아픈 어머니를 보살피며 유년기를 보냈다. 글로리아는 어머니 루스 누네빌러가 한때는 "활달하고 모험심이 강한 젊은 여성"이었다고 말했다. 루스 누네빌러는 남편을 도우려고 신문에 글을 쓰는 일을 포기했다. 남편 리오 스타이넘은 휴양지 리조트를 경영하겠다는 꿈에 빠져 있었다. 그는 늘 꿈을 좇았다. 돈 문제나 책임감에 대해서는 거의 관심이 없었다. 루스가 평범한 장로교 집안 출신인 데 반해 리오는 부유한 유대인 집안에서 태어났다. 1921년에 두 사람은 결혼했는데, 종교가 다른 집안의 결혼이 드물던 때라 결혼식 참석을 거부한 가족도 있었다. 1925년에는 글로리아의 언니인 수잰이 태어났다. 5년 뒤 아이를 사산한 데다 양쪽 집안 아버지가 모두 세상을 떠나고 재정적인 어려움까지 겹치면서 루스는 무너져내렸다. 잠깐이긴 하지만 정신 병원에 있어야만 했다.

글로리아는 4년 뒤인 1934년 3월 25일에 태어났다. 가족은 여름에는 휴양지 리조트에서 지냈다. 하지만 아버지 리오가 추운 날씨를 무척 싫어해 겨울에는 이동 주택을 몰고 캘리포니아 주나 플로리다 주로 갔다. 길 위에서 살다 보니 몇 달씩 학교에 가지 않기도 했다. 어

역사에 도전한 여성 운동가

느 해에는 아예 학교를 다니지 않았다.

가족의 생활 방식은 리오에게 맞춰져 있었다. 리오는 여기저기 옮겨 다니기를 좋아했다. 안정된 집이나 다달이 들어오는 월급을 안겨주지는 못했지만 글로리아는 아버지를 사랑했다. 훗날 작가이자 운동가로서 글로리아의 삶 역시 아버지와 별반 다르지 않았다. 글로리아는 돈에 신경 쓰지 않고, 끊임없이 이리저리 옮겨 다녔다. 하지만 어머니 루스에게는 불안정한 삶이 좋지 않았다. 1944년 글로리아가 열 살 때 루스와 리오는 갈라섰다. 수잰은 대학 때문에 멀리 떨어져 있어 글로리아는 외할머니, 외할아버지가 물려준 오하이오 주 털리도 집에서 어머니와 단둘이 살아야 했다.

이때가 글로리아의 인생에서 가장 힘든 시기였다. 정신 질환이 도진 어머니는 잠을 못 자고 망상에 빠져들었다. 글로리아가 학교에 있다는 것을 잊고 경찰에 실종 신고를 하는 등 혼란스러워하는 일이 잦았다. 고작 6학년이던 글로리아는 어머니의 어머니가 되었다. 가난한 동네에서 다 무너져가는 집에 살면서 열일곱 살이 될 때까지 거의 혼자 어머니를 돌봤다. 돈도 없었다. 보일러가 작동하지 않아 어머니와 함께 침대에 누워 간신히 온기를 찾기도 했다. 글로리아는 "함께 살던 쥐한테 물리기도 했어요"라고 그 시절을 회상했다.

마침내 루스는 집을 팔고 수잰과 함께 살기 위해 워싱턴 주로 갔다. 집을 판 돈으로 둘째 딸 글로리아는 매사추세츠 주에 있는 스미스 대학교에 들어갔다. 이 학교는 세계에서 가장 규모가 큰 여자 대학교 중 한 곳이다. 1952년의 일이었다.

1950년대에도 여자가 대학 교육을 받을 수는 있었지만 졸업을 하더라도 일을 하면서 경력을 쌓는 게 아니라 결혼해서 아이를 낳고 좋은 아내이자 어머니가 되는 게 여자의 역할이라는 것이 통념이었다. 몇 년 뒤 글로리아는 모교를 비롯한 대학들이 여성에게 그런 가치를 교육함으로써 '인류의 절반이 지닌 재능과 힘'을 질식시켜 죽이고 있다고 격렬하게 비난했다. 글로리아는 여학생들이 '세뇌 교육'을 받았고, "모든 교과서가 여자는 아무것도 안 했다고 가르쳤다"고 말했다. 그렇기는 해도 글로리아에게 스미스 대학교는 어머니를 돌보는 스트레스에서 벗어나게 해주는 안식처이자 마음껏 뇌를 쓸 수 있는 곳이었다. 문학과 정치학을 공부한 글로리아는 학업을 위해 스위스와 영국으로 건너갔다.

1955년 글로리아는 사랑에 빠져 약혼했다. 대부분의 여학생처럼 글로리아도 평범하게 결혼식장으로 걸어 들어가는 길을 따르는 듯 보였다. 하지만 1956년 6월, 졸업과 동시에 곧바로 파혼했다.

글로리아가 여성 운동 지도자가 된 이후로는 그와 교제한 남자들이 세간의 관심을 받았다. 페미니스트들은 '남자를 싫어하는 사람'으로 몰리기 일쑤였다. 사람들은 페미니스트를 혼자 사는 불행한 여자라고 생각했다. 남자만 만나면 행복해지고 불평도 그만할 것이라고 여겼다. 언론이 페미니스트인 글로리아에게 사로잡힌 이유 가운데도 이런 잘못된 생각이 자리 잡고 있었다. 글로리아는 고정관념에 딱 들

역사에 도전한 여성 운동가

어맞지 않았다. 여러 남자와 잘 사귀었다. 결혼을 할 수도 있었지만 선택하지 않았을 뿐이었다.

1957년, 인도에 간 글로리아는 이듬해에 뉴욕으로 돌아와 프리랜서 작가 생활을 시작했다. 프리랜서는 한곳에 정착해 일하기보다는 여러 매체에 글을 써 돈을 벌었다. 당시만 해도 여성 언론인이 거의 없다시피 했는데 글로리아는 괜찮은 일을 맡았다. 그리고 그 가운데 하나로 곧장 명성을 얻었다. 하지만 후회스러운 일이었다.

1963년, 글로리아는 뉴욕에 문을 연 플레이보이 클럽에 관해 기사를 한 꼭지 써달라는 요청을 받았다. 『플레이보이』지는 여성 나체 사

큰일의 시작

글로리아 스타이넘이 유명한 '플레이보이 버니 걸 이야기' 기사를 쓴 1963년은 2세대 여성 운동이 시작된 해이기도 하다. 베티 프리던의 책 『여성의 신비』가 이해에 출간됐기 때문이다. 19세기부터 이 무렵까지의 1세대 페미니즘은 여성이 법적 시민으로 인정받기 위해, 여성 투표권을 위해 싸웠다. 2세대 페미니즘은 여기에서 한 걸음 더 나아갔다. 프리던의 책은 1950년대 여성들이 겪는 폭넓은 불행을 분석했다. 어쩔 수 없이 사회생활을 포기하고 주부 역할, 어머니 역할만 하는 것에 대해 다뤘다. 『여성의 신비』는 출간되자마자 베스트셀러가 되었고, 그 물결이 퍼져나가면서 1960년대 내내 여성에 대한 모든 차별에 맞서는 투쟁이 전개되었다.

진과 섹스 기사를 싣는 잡지였다. 플레이보이 클럽에서는 다리와 가슴이 훤히 드러나는 노출이 심한 옷차림의 버니 걸들이 남자 손님의 시중을 들었다. 글로리아의 임무는 가명으로 버니 걸에 지원한 뒤 그 실상을 쓰는 것이었다. 이렇게 해서 「나는 플레이보이 클럽의 버니 걸이었다」라는 기사가 탄생했고, 여자들이 참고 견뎌야 했던 치욕적인 대우와 성적인 발언들이 폭로됐다. 글로리아는 "내 인생에 가장 우울한 경험" 중 하나였다고 했지만 기사는 돌풍을 불러일으키며 일대 사건이 되었다. 그 뒤로 한동안 잡지 매체들은 글로리아가 성적인 내용을 담은 '버니 걸' 같은 기사를 써주기만을 바랐다.

현재진행형 논쟁

1973년 연방 대법원 결정은 '로 대 웨이드'로 알려진 유명한 사건에 기초한 것으로, 이후 수차례 도전받았지만 결과가 뒤집힌 적은 한 번도 없었다. 법원은 헌법을 인용해 가족 계획처럼 사적인 결정에 '정부가 관여해서는 안 된다'고 판결했다. 하지만 로마 가톨릭 교회 등 많은 사람과 기관들이 낙태가 부도덕한 행동이라며 강력히 반대했다. 보통 '낙태반대론자' 혹은 '생명권론자'라 불리는 이들은 낙태를 금지하거나 엄격하게 제한하기 위해 활동하고 있다. 주 정부가 임신을 막는 산아 제한을 불법화할 수 있는 권리를 가져야 한다고 주장하는 정치인들도 있다. 1965년 연방 대법원은 주 정부가 피임을 불법화할 권한은 없다고 판결했다. 이 판결 이전에는 몇몇 주에서 산아 제한이 위법이었다.

역사에 도전한 여성 운동가

플레이보이 클럽에서 직접 겪어보기도 했고, 여성에 대한 처우에 관해 통찰력도 있었지만, 글로리아는 1960년대 말까지도 새로운 페미니즘 운동에 관여하지 않았다. 물론 다른 영역에서는 정치적 활동을 했다. 베트남 전쟁에 반대했고, 임금 인상과 위험한 노동 환경 개선을 요구하며 파업하는 농업 노동자들을 지원했다. 이외에도 미국의 흑인 차별 종식을 목표로 시민권 운동을 돕기도 했다. 민주당 후보들을 위해서도 일했다. 1969년 즈음 글로리아는 언론인으로서 한층 권위를 얻게 됐다. 대부분 남성인 정치 평론가들 틈에서 직접 정치 칼럼을 맡아 썼다. 그해 3월, 글로리아는 한 여성 단체가 주최한 행사에 참석했다. 칼럼에 쓸 재미있는 얘깃거리가 있을지도 모른다고 생각했기 때문이다. 그런데 바로 이 행사가 그의 인생을 바꿔버렸다.

　미국 낙태법에 반대하는 회의였다. 임신 중절 수술을 의미하는 낙태는 그때나 지금이나 논란이 많다. 낙태는 미국 대부분의 주에서 불법이었다. 입법자와 정치인 대다수가 남자라는 점에 여성 운동을 하는 사람들은 분노했다. 임신하고 아이를 낳는 건 여성이므로 임신 상태를 유지하느냐, 마느냐는 당연히 여성이 선택해야 했다. '제정신인 상태에서 낙태에 찬성할 사람은 아무도 없다'고 말할 수도 있다. 하지만 글로리아를 비롯한 페미니스트들은 여성에게 선택권이 있어야 한다고 믿었다. 1973년 미국 연방 대법원은 이러한 의견에 동의하면서 낙태법이 위헌이라고 판결했다. 그 결과 대부분의 낙태가 합법화

되었다. 1973년 이전에는 낙태가 위법이었기 때문에 임신 상태를 끝내기를 간절히 원하는 여성들 중에는 생명이 위태로운 상황에서 낙태 수술을 받는 경우도 있었다. 그날 회의에서 여성들은 이러한 두려움을 이야기했다. 글로리아는 사연을 듣고 깊은 감동을 받았다.

남성이 여성의 인생을 거의 모든 면에서 쥐락펴락한다는 진실이 폭로된 그날, 글로리아는 당황했다. 결국 인생이 달라져버렸다. 이전에는 한 번도 알아차리지 못했다. 그런데 그 회의에서 자신은 물론이고 모든 여성의 삶과 관련해서 "크게 딸깍 하는 소리가 들리는" 느낌이 들었다고 한다. 글로리아는 법과 사회가 남성에게 여성 위에 군림할 힘을 줬고, 이것은 잘못된 일이라는 것을 느꼈다. 글로리아는 여성들을 순전히 여자로 태어났다는 이유만으로 기본권을 누리지 못하고 차별당하는 희생자로 보았다. 이때부터 그는 여성이 더 많은 평등을 누리는 사회를 만드는 데 모든 힘과 재능을 쏟아부었다.

2세대 페미니즘은 '여성 해방 운동'이라고도 하는데, 투표권을 쟁취하기 위한 1세대 페미니스트들의 투쟁을 훨씬 넘어서는 움직임이었다. 2세대 페미니스트들은 가정과 직장, 스포츠에서 정치에 이르기까지 모든 영역에 참여하는 여성들이 능력 면에서 동등한 대우를 받도록 앞장서서 싸웠다. 당시 여성 평등이 거의 이뤄지지 않았다는 것을 오늘날의 시각으로는 분명 이해하기 힘들 것이다. 고용주들은 여성을 채용하지 않으려 했고, 여자들이 얻을 수 있는 일자리는 가장 질 낮은 것들이었다. 심지어 몇몇 주에는 여성이 일할 수 있는 시간

역사에 도전한 여성 운동가

과 장소를 제한하는 법이 있었다. 여성은 남성만큼 보수를 받지도 못했고, 어떤 지역에서는 배심원이 될 자격도 갖지 못했다.

스튜어디스 같은 직업에 종사하는 여성은 육체적으로 매력이 있어야 했다. 몸무게가 늘면 해고당할 수도 있었다. 서른두 살이 되어도 잘렸는데, 너무 나이가 많다는 이유였다. 정치 영역을 봐도 1970년대 초 미국 상원의원 가운데 여성은 딱 한 명이었고, 정부 고위직에서 여성이 차지하는 비율은 2퍼센트 미만이었다. 결혼 생활에서도 가장은 남편이었다. 남편의 서명 없이는 신용카드나 은행 융자를 받지 못하기도 했다.

시민권 운동 덕분에 인종 차별의 부당함에 대해서는 사람들이 잘 알고 있었다. 하지만 그런 사람들도 대부분 여성 차별은 문제라고 생각하지 않았다. 당연하고 자연스럽다고 여기며 의문을 갖지 않았다. 1969년 4월에 페미니즘으로 돌아선 직후 글로리아는 '흑인 해방 다음은 여성 해방'이라는 제목으로 칼럼을 썼다. 성별에 기초한 성차별을 피부색에 따른 차별과 비교하면서, 백인이 아닌 사람과 마찬가지로 여성에 대해서도 허위 사실을 믿고 있다고 피력했다. 많은 사람들이 흑인과 여성은 백인 남성보다 뇌가 작고 아이 같아서 스스로를 돌볼 수 없다고 믿었다.

남성 언론인들은 '미친 여자들'인 페미니스트들을 가까이 하지 말라고 글로리아에게 경고했다. 너무나 힘들게 경력을 쌓아 성공했는데 페미니스트가 되면 그동안 이룬 모든 것을 망치게 될 거라고 했다. 여성 해방에 대한 언론의 태도는 대체로 이렇게 요약할 수 있었다. 어느 유명한 텔레비전 프로그램 진행자가 한 말인데, 그는 "모든 게 지루하고 터무니없다"고 했다. 언론과 정치인, 그리고 여성을 포함한 대부분의 사람들이 페미니스트를 웃음거리로 취급하고 조롱했다.

글로리아는 상관하지 않았다. 뒤늦게 페미니스트가 된 만큼 그 시간을 만회하기 위해 헌신적으로 열정을 다했다. 이제는 페미니즘이 모든 일의 원동력이 되었다. 원래 기고하던 잡지들은 여기에 관심을 보이지 않았으므로 사람들에게 페미니즘을 이해시키기 위해 공개적인 대중 연설에 의지했다. 예전에는 무대 공포증 때문에 연설을 피했지만 이후로는 연설에 재능이 있다는 사실도 알게 됐다. 글로리아는 내셔널 프레스 클럽 최초의 여성 초청 연사였으며, 1971년에는 명성이 자자한 하버드 대학교의 법률 잡지 만찬에서 처음으로 연설하기도 했다. 하버드 대학교 연설에서는 하버드 법학 대학이 여학생들을 받아들이고도 여전히 아웃사이더로 취급하며, 교수들이 성폭행을 '아주 경미한 범죄'라고 가르치게 놔둔다고 비판했다.

글로리아는 흑인 여성 운동가들과 함께 순회 강연을 계속해 나갔다. 도러시 피트먼 휴스Dorothy Pitman Hughes도 그중 한 사람이었다. 그 무렵 흑인 해방 운동을 표현하던 방식대로 주먹을 들어 올린 두 사람의 사진이 워싱턴의 국립 초상화 미술관에 걸려 있다. 글로리아는 페미니즘이 주로 백인 중산층 여성들만 겨냥한다는 사실을 다른 페미니스트들보다 먼저 깨달았고, 페미니즘 운동은 다민족적이어야

역사에 도전한 여성 운동가

한다고 봤다. 1970년에는 남녀 평등 헌법 수정안을 위한 정부 청문회에서 증언을 하기도 했다. 성별에 따른 차별을 막기 위해 미국 헌법 변경을 제안하는 자리였다. 글로리아는 『뉴스위크』 표지는 물론이고 여러 매체에 등장하기 시작했다. 글로리아의 연설 능력, 침착한 태도, 스타 자질 덕분에 대중은 페미니즘을 더욱 진지하게 받아들이기 시작했다. 글로리아 스타이넘은 페미니즘 운동이 딱 필요로 하는 인물이었다. 1960년와 1970년대 소용돌이치며 들끓던 20여 년 동안, 미국 사회의 거의 모든 조직이 들고일어났다. 여성 해방 운동도 진지하게 관심을 끌어내야 했고, 이를 가능하게 한 사람이 바로 글로리아 스타이넘이다.

높아진 의식

'의식화'는 1960년대 페미니스트들이 사용한 용어로, 사람들이 편견을 깨닫게 만드는 과정을 뜻한다. 편견은 무의식적일 수 있어서 사람들은 편견이 있는지 없는지조차 알아차리지 못하곤 한다. 따라서 이해하는 능력을 '키워야' 했다. 여성의 역할에 대해 수백 년 동안 배워왔지만 그것이 올바른 것은 아니었다. 글로리아는 "남성과 여성, 우리 모두의 첫 번째 과제는 배우는 게 아니라 배운 것을 잊는 것이다"라고 했다. 글로리아는 처음부터 "여성 해방은 남성 해방도 목표로 한다"고 했다. 성 역할에 관한 사회 제도는 남성의 역할 역시 제한하고 구속하기 때문이다.

1971년, 글로리아와 베티 프리던Betty Friedan은 다른 페미니스트들과 함께 전국 여성 정치 회의NWPC를 설립했다. 전국 여성 정치 회의는 정치 영역이나 법원 같은 관공서에서 여성 참여도를 높이는 것이 목적이었다. 그해 글로리아는 『미즈』라는 잡지 창간을 돕기도 했다. 『미즈』는 이후 여성 운동에서 가장 중요한 수단 가운데 하나가 되었다. 『미즈』는 오로지 여성이 만들고, 소유하고, 운영한 첫 번째 잡지였다.

처음에는 글로리아가 조직한 지역 여성 단체의 소식지를 만들겠다는 아이디어에서 시작됐다. 그런데 시간이 지날수록 계획이 점점 커졌다. 여성이 경영하고, 여성이 쓴 페미니즘 기사로만 채운 진짜 잡지를 만들면 어떨까? 그때까지만 해도 여성 잡지는 보통 남성들이 펴냈고 주로 요리와 패션을 소재로 다루었다. 초반에는 글로리아도 제대로 될 거라고 생각지 못했다. 잡지는 광고를 싣는 기업들에게서 돈을 벌어들이는데, 많은 기업인이 페미니스트를 무척 싫어했기 때문이다. 하지만 잡지에 대한 구상은 날로 커졌고, 글로리아가 필자로 있던 『뉴욕 매거진』 편집장이 기꺼이 특별판으로 『미즈』를 출간해 주었다. 의문이 들긴 했지만 글로리아는 계속 밀고 나갔다. '여자들이 만드는 여성용 읽을거리가 정말이지 하나도 없었기' 때문이다. 페미니즘이 유독 힘을 쏟는 목표가 바로 여성이 힘을 더 많이 갖는 것이었다. 새 잡지의 제목은 『미즈』가 되었다. 여성을 부르는 일반적인 호칭이라는 이유에서였다. '미스터'라는 단어처럼 '미즈' 역시 여성

역사에 도전한 여성 운동가

에게 기혼인지 미혼인지 꼬리표를 붙이지 않는 단어라서 평등을 의미했다. 글로리아가 공동 편집자로 참여한 초판이 1971년 12월 20일에 세상에 나왔다.

잡지는 대성공이었다. 여드레 만에 다 팔려 나갔다. 『미즈』는 곧바로 매달 발간되기 시작했다. 잡지 창간에 참여한 사람들조차 뜨거운 반응에 놀랄 정도였다. 변화하는 여성의 역할에 대한 갈망이 예상보다 훨씬 컸던 것이다. 출간에 박수를 보내는 편지 수천 통이 도착했다. 『미즈』는 다른 잡지들이 다루지 않는 문제들을 실었다. 남편의 폭력, 레즈비언, 낙태, 직장 내 성희롱처럼 지금은 불법이지만 그 당시엔 참고 견디는 게 당연하다고 여기던 문제들이었다. 이 모든 게 용기 있고 대담한 일이었으나 대가를 치러야 했다. 적대적인 사람들은 악랄하게 공격했다. 어떤 남성 잡지는 음란한 글과 함께 글로리아의 가짜 알몸 사진을 실었다. 기업인들에 대한 글로리아의 예상 역시 사실로 드러났다. 광고주들은 『미즈』에 투자하기를 꺼렸다. 그럼에도 불구하고 『미즈』는 오늘날까지 살아남았고, 40주년 기념일에는 여러 사람의 박수와 축하를 받았다. 글로리아는 아직도 자문 편집장으로 일하고 있다.

페미니스트들은 1970~80년대 내내 큰 성과를 이뤘다. 직장 내 여성 차별을 막는 법률들이 제정되었고, 사관 학교와 군대도 여성에게 문을 열어줬으며, 매 맞는 여성을 위한 쉼터도 만들어지기 시작했다. 연방 대법원 자리에 여성이 임명되고, 기업에서도 여성을 더 높은 직책으로 승진시키기 시작했다. 여성에게는 남성만 한 능력이 없다는 사고방식이 바뀌기 시작했고, 성차별에 대한 사회적 용인도 줄어들기 시작했다. 하지만 좌절도 있었다. 특히 남녀 평등 헌법 수정안을 통과시켜 헌법에 포함시키려던 계획은 실패하고 말았다.

글로리아에게 1980년대는 개인적으로 힘겨운 시기였다. 아버지는 여러 해 전 홀로 병원에서 세상을 떠났다. 어머니가 뇌졸중으로 쓰러지자 글로리아는 어머니에게만큼은 아버지와 똑같은 일이 일어나지 않기를 바랐다. 어머니는 1981년 7월, 두 딸 곁에서 숨을 거뒀다. 1986년, 글로리아는 유방암 선고를 받았지만 수술을 받고 회복했다.

2000년, 예순여섯 나이로 글로리아는 아무도 예상하지 못한 일을 했다. 남아프리카 공화국의 운동가인 데이비드 베일과 결혼한 것이다. 몇몇 언론은 마침내 항복했다면서 놀리기도 했지만 글로리아는 한 번도 결혼 자체를 반대한 적이 없었다고 당당하게 말했다. 그는

좌절

남녀 평등 헌법 수정안은 1923년 헌법 부가 사항으로 처음 제안되었다. 수정안은 부분적으로 '미합중국이나 다른 어떤 주에서도 성별을 이유로 헌법이 보장하는 평등권을 부인하거나 축소해서는 안 된다'고 했다. 마침내 1972년에 상원을 통과했으나 38개 주 의회의 승인을 받아야 했다. 결과적으로 3개 주가 모자라 목표를 이루지 못했다.

오직 여성의 권리를 빼앗은 예전 혼인법에 반대한 것이었다. 하지만 슬프게도 결혼한 지 3년이 못 돼 남편이 뇌종양으로 세상을 떠났다.

지금도 글로리아는 순회 강연, 글쓰기, 투쟁 활동으로 스케줄이 꽉 차 있다. 페미니즘 투쟁이 끝났는지, 평등을 위한 전쟁에서 승리했는지 질문을 자주 받는데, 글로리아는 이제 여성은 남자가 하는 일을 할 수 있게 됐지만 남성은 아직도 여자의 일이라고 여기는 일, 특히 아이 키우는 일을 하지 않는다고 답했다. 또 이렇게도 지적했다.

"결혼 생활과 사회생활을 병행하는 법에 대해 조언을 구하는 남자를 여지껏 본 적이 없다."

반면에 젊은 여성들은 끊임없이 이 질문을 한다. 글로리아는 1세대 페미니즘이 목표를 이루는 데 150년 가까이 걸렸다면서, 2세대 페미니즘으로 사회가 변화를 보인 것은 고작 25퍼센트 정도뿐이니 시간이 더 필요하리라고 보고 있다.

글로리아가 『미즈』를 창간했을 때 한 유명 남성 뉴스 앵커는 "6개월이면 말할 거리가 다 떨어질 것"이라고 말했다. 그의 예언은 여지없이 빗나갔다. 글로리아 스타이넘에게는 말할 거리가 넘쳐날뿐더러 여전히 페미니즘과 관련해 언론의 관심을 끌어모으고 있다. 『뉴스위크』는 글로리아를 두고 "거의 반세기를 견뎌온 페미니즘의 얼굴"이라고 했다. 『뉴욕타임스』는 경의를 표하며 "제2의 글로리아 스타이넘은 어디에 있나?"라는 질문을 던졌다. 세계에서 가장 영향력 있는 여성 가운데 하나인 오프라 윈프리는 수백만 명을 대신해 이렇게 말했다. "글로리아는 나에게, 그리고 스스로 여자라고 말하는 모든 이들에게 개척자이자 선구자입니다. 우리를 해방으로 이끌어준 그녀에게 우리는 헤아릴 수 없는 고마움의 빚을 지고 있습니다."

"전쟁은 미친 짓이에요. 잘못된 일이죠."

━━━━━━━━━━━━━━━━━━━━━━━

Joan Baez 존 바에즈

1941 -

━━━━━━━━━━━━━━━━━━━━━━━

미국에서 새로 열린 여러 음악 축제 가운데 한 곳에서 관객 1만 3,000명을 앞에 두고 공연할 때였다. 고작 열여덟 살이던 존 바에즈는 극심한 무대 공포증으로 고통스러워했다. 1959년, 포크 음악이 한창 인기를 끌던 그때 축제 현장에 있던 어느 전문가는 뉴포트 포크 페스티벌을 두고 "바로 이거야!"라고 했다. 존은 무명이나 다름없었지만 동료 음악인들의 초청으로 출연하게 되었다. 반응은 폭발적이었다. 수정처럼 맑고 깨끗한 목소리와 우아하고 꾸밈없는 가사 전달로 존 바에즈는 즉각 유명해지기 시작했다.

언론이 극찬하고, 음반 회사들은 곧바로 계약하려고 기를 썼다. 존 바에즈는 계속해서 전국 순회 공연을 하면서 골드 앨범을 냈다. 세계에서 가장 유명한 공연장인 카네기 홀을 비롯해 여러 곳에서 콘서트를 열 때마다 매진을 기록했다. 1962년 즈음 『타임』지는 존 바에즈로 표지를 장식하면서 그의 목소리를 "가을 공기처럼 맑고 생기 넘치고 힘이 있으며 훈련되지 않은 황홀한 소프라노"라고 극찬했다. 스물한 살짜리 가수의 음반이 역사상 다른 어떤 여성 포크 가수들보다도 많이 팔렸다고 했다.

하지만 존은 목소리를 돈 버는 데다가 쓰는 것에는 관심이 없었다. 마음을 사로잡는 순수한 목소리와 명성을 가장 중요한 일, 바로 전쟁과 인종 차별, 불평등에 맞서는 투쟁 운동에 함께하자고 미국을 너머 전 세계 관객을 설득하고 영감을 주는 데 사용했다. 언론과의 인터뷰에서는 전쟁에 반대하는 평화주의자로 불리는 게 포크 가수로 알려지는 것보다 더 중요하다고 말했다. 감옥살이를 하기도 했고, 베트남 전쟁에 반대한 탓에 사회적 경력과 재정적 안정이 위험해 처하기도 했다.

"나는 전쟁이라는 걸 믿지 않아요. 무기를 믿지 않습니다."

존은 정부에 편지를 보냈다.

"무기와 전쟁은 사람을 죽이고, 불에 태우고, 일그러뜨리고, 불구로 만들고, 한도 끝도 없는 고통의 원인이 됩니다. 누구도 그럴 권리는 없습니다. 미친 짓이에요. 잘못된 일이죠."

존 바에즈의 신념이 굳어지기까지는 두 가지 중요한 요소가 힘을 보탰다. 바로 종교와 멕시코 혈통이었다. 존 찬도스 바에즈는 1941년 1월 9일, 뉴욕 주의 스태튼 섬에서 태어났다. 부모는 프렌드교파라고도 하는 퀘이커교도였다. 퀘이커교도들은 전통적으로 평화주의자들이었다. 게다가 존은 멕시코인인 아버지에게 갈색 피부를 물려받았다. 어릴 때 인종 차별을 겪었기 때문에 부당한 대우를 받고 열등한 사람으로 취급당하는 게 어떤 건지 잘 알았다.

역사에 도전한 여성 운동가

존의 부모는 미국으로 건너온 이민자들이었다. 알베르트 바에즈는 두 살 때 가족과 함께 멕시코 푸에블라에서 옮겨 왔다. 어머니 존 브리지는 가족과 함께 스코틀랜드에서 미국으로 왔다. 알베르트는 물리학자였다. 전쟁 무기를 만드는 방위 산업체에서 보수가 좋은 일자리를 찾을 수도 있었다. 하지만 평화주의자였기 때문에 국방 업무를 하지 않겠다고 마음먹고 대신 교수가 되었다. 아버지가 여러 대학교에서 근무했기 때문에 가족은 자주 이사를 다녔다. 세 자매 중에서 둘째인 존은 "현대판 집시 가족"이었다고 말했다. 한 장소에서 4년 넘게 산 적이 없었다.

1951년, 캘리포니아 주에서 살 때 중학교에 간 존이 제일 처음 해결해야 한 문제는 인종적 배경이었다고 한다. 그곳 백인과 멕시코인들은 서로 섞이지 못했다. 멕시코인다운 이름과 외모 때문에 "백인들은 날 받아들이지 못했다"라고 존은 말했다. 존은 멕시코에서 쓰는 스페인어를 할 줄 몰랐다. 그러니 멕시코인들 역시 존을 받아들이지 않았다. 외떨어진 존재라고 느끼면서부터 존은 노랫소리를 갈고 닦기 시작했다. 샤워를 하면서 노래를 불렀다. 그러다가 학교 장기자랑에 나가 노래를 부르게 되었다. 비록 상은 타지 못했지만 그때부터 친구들은 존을 우러러보게 되었다.

10대 시절에는 계속 퀘이커교의 영향 아래 신념을 키웠다. 1900년대 초 비폭력 저항 방식을 발전시킨 마하트마 간디에 대해서도 알게 되었다. 1956년에는 당시 스물일곱 살이던 마틴 루터 킹 주니어 목사가 퀘이커교 모임에서 평화 혁명에 관해 연설하는 것을 듣게 되었다. 킹 목사는 흑인을 계속 불평등한 처지로 만드는 인종 차별법에 저항하며 주도적으로 저항 운동을 펼치고 있었다. 존은 킹 목사가 연설을 마치자마자 일어서서 환호성을 지르며 눈물을 펑펑 쏟았다. 킹 목사의 이야기를 들은 뒤 존은 평화주의자들이 변화를 가져올 수 있다고 생각하게 되었다.

"그거야말로 날 위한 거란 걸 깨달은 거지요."

몇 년 뒤 존은 킹 목사가 주도한 항의 행진에 함께했고, 두 사람은 서로 존경하고 힘이 되는 관계를 돈독히 이어갔다. 1968년 킹 목사가 암살범의 총에 목숨을 잃을 때까지 말이다.

물론 존 바에즈가 청년기를 정치와 평화주의만으로 보내지는 않았다. 존은 고등학교 무도회나 작은 클럽에서 소소하게 노래하며 기타 연주를 했다. 그 뒤 가족이 모두 매사추세츠 주로 옮겨 갔고, 존은 보스턴 대학교에서 공부를 시작했다. 하지만 학교에는 고작 '9분' 정도 머물렀다고 한다. 운 좋게도 당시 절정기를 구가하던 포크 음악의 중심인 하버드 광장이 학교 근처에 있었기 때문이다. 사람들은 커피숍에 모인 관객을 위해 기타나 밴조를 연주하고 전통적인 옛날식 발라드를 불렀다. 한 친구가 존에게 공연에 참여해보라고 권했고, 그렇게 해서 존 바에즈의 가수 인생이 시작되었다. 그때부터였다. 그의 친구는 "햇볕 아래 빛나는 꽃송이 같았어요. 사람들 앞에 선 조니는 꽃처럼 활짝 피었죠"라고 회상했다. 사람들은 "천사를 울릴 목소리"

라면서 무대에 오른 모습 두고 "아름다운 한 마리 새 같다"라고 했다. 그리 오래지 않아 존은 뉴포트 포크 페스티벌에 초청받았다.

"나는 '포크의 여왕'이었어요. 맞아요, 딱 그랬어요."

존은 유명인으로서 시민권 운동을 돕는 데 영향력을 활용했다. 남부에서는 여전히 인종 차별 정책에 따라 학교에서 화장실에 이르기까지 모든 장소에서 흑인과 백인을 분리했다. 킹 목사를 처음 만나고 7년 뒤인 1963년 8월, 존은 '미국 흑인의 일자리와 자유를 위한 워싱턴 대행진'에 참여했다. 미국 역사상 인권을 외치는 정치 집회 가운데 가장 규모가 큰 행사였다. 약 25만 명이 시위에 참여했고, 킹 목사는 미국의 인종 차별 종식을 촉구하면서 '나는 꿈이 있습니다'라는

오데타 Odetta

존 바에즈와 밥 딜런을 비롯해 많은 이들이 '오데타 홈스'에게서 크게 영향을 받았다. 오데타는 '시민권 운동의 목소리'라 불렸다. 1950~60년대에 활동한 유명 포크 아티스트로, 미국 전통 민요인 포크 ﾉ을 시민권 운동과 함께 엮었다. 오데타는 앨라배마 주에서 흑인으로 "자라면서 느낀 분노와 좌절"을 담아 음악을 했고, 1963년 워싱턴 대행진에서 〈오, 자유Oh, Freedom〉와 〈내 길을 가련다I am On My Way〉를 불렀다.

역사적인 연설을 했다. 존은 〈우리 승리하리라We Shall Overcome〉를 부르며 군중을 이끌었다. 이후 〈우리 승리하리라〉는 시민권 운동을 대표하는 곡이 되었는데, 언젠가는 투쟁이 끝나고 평화와 평등이라는 목표가 실현되리란 걸 확신하는 노래였다.

　정치적인 행사에 참여하긴 했지만 존이 부르는 노래는 대부분 정치적이지 않았다. 그때까지만 해도 여전히 전통적인 포크 발라드를 불렀다. 그는 '사랑과 죽음', '아름다움'에 관한 노래들이라고 표현했다. 워싱턴 대행진이 있던 날, 존은 이때까지 널리 알려지지 않은 포크 가수와 함께 노래를 불렀다. 이날을 기점으로 밥 딜런은 미국에서 가장 유명한 가수 겸 작사·작곡가이자 신화적인 인물, 전설이 되었다. 포크 음악의 정점에서 밥 딜런이 성장할 수 있도록 도운 사람이 바로 존 바에즈였다. 밥 딜런 역시 존이 변화하는 데 일조했다.

　밥 딜런은 핵무기로 닥칠지 모르는 재앙, 미국과 소련의 무기 경쟁, 미국 내 인종 차별의 잔인함과 부당함을 노래하는 저항곡들을 직접 만들어 불렀다. 존은 이 노래들을 처음 듣고 '멍해져서 그대로 나가떨어지고' 말았다. 밥 딜런의 음악으로 평화주의적인 정치 신념과 음악을 하나로 묶을 수도 있다는 사실을 깨달은 것이다. 그즈음 존은 늘 부르던 노래에 서서히 질리던 참이었다. '이것이야말로 나아갈 방향'인 것이 분명했다. 이제는 정치적 견해를 노래로 밝힐 터였다.

　1964년에 밥 딜런의 곡으로 녹음한 음반에는 〈신은 우리 편With God on Our Side〉이라는 노래가 수록되어 있다. 신이 살인과 파괴를 지

　　　　　역사에 도전한 여성 운동가

지한다고 믿고 전쟁을 벌이는 사람들을 조롱하는 노래다. 반전 메시지를 담은 대표곡이 된 밥 딜런의 〈바람만이 아는 대답Blowin' in the Wind〉도 공연에서 불렀다. 〈시대는 변하고 있다As Time Goes By〉라는 곡은 정치인들과 구세대가 일을 해 나가는 방식에 반기를 드는 노래인데, 존은 린든 B. 존슨 대통령의 취임 만찬 행사에서 이 곡을 불렀다. 노래를 부르기 직전 관객들에게 미국이 베트남 전쟁에 관여해서는 안 된다고 말하는 것도 잊지 않았다. 존 바에즈가, 밥 딜런이, 두 사람이 함께 부른 밥 딜런의 음악은 전쟁터로 보내지는 세대의 마음을 강렬하게 사로잡았다.

베트남은 분단국가였다. 북베트남은 공산주의 국가인 데 반해 미국의 동맹국인 남베트남은 공산주의 체제가 아니었다. 북베트남이 국가를 통째로 장악해 공산화하려 하자 미국은 남베트남 편에서 분쟁에 개입하게 되었다. 1963년 무렵에는 미군 1만 6,000명이 베트남에 머물렀고, 1964년에는 미국이 북베트남을 폭격하기 시작했다. 존은 전쟁을 믿지 않았다. 이 전쟁 역시 분명히 믿지 않았다. 하지만 당시 미국인들은 베트남에 있는 미군을 지지했다. 존은 바꾸고 싶었다. 살육을 막고 싶었다. 자신의 음악과 명성, 10대 때 배운 저항 수단들을 통해 대대적으로 비폭력 운동을 시작했다. 투쟁은 10년 동안 이어졌다.

존의 반전 활동에는 법을 어기는 시민 불복종 운동도 포함되었다. 1964년 미국의 폭격이 시작된 뒤 존은 정부에 편지를 보냈다. 자기가 낸 세금 중에서 얼마 정도가 베트남 전쟁에 들어가는지 계산해봤다면서, 딱 그만큼 세금을 내지 않겠다는 내용이었다. 이를 계기로 전국적인 납세 거부 운동이 시작되었다. 참여한 사람 중에는 존처럼 유명한 사람들도 많았다. 자료에 따르면 예전에도 미국 내에서 전쟁 반대 표시로 조세 저항이 있긴 했지만 베트남 전쟁 때 가장 큰 힘을 발휘했다고 한다. 하지만 납세 거부 운동으로 사람들의 관심을 불러일으킨 대신 존은 대가를 치러야 했다.

존은 정부에게 고소를 당했고, 정치적 견해 때문에 공공연하게 공격받았다. 반전 시위자를 반역자로 여기는 사람들도 있었다. 저항 활동 때문에 워싱턴 D.C.의 컨스티튜션 홀에서 콘서트를 열 수도 없

저항가

역사적으로 오래전부터, 정치적 이유로 부르는 노래들이 있었다. 1960년대는 저항 시대로 규정되는데, 이때도 음악은 중요한 역할을 했다. 반전 운동 당시 활동한 저항가들과 함께 존 바에즈와 밥 딜런도 음악으로 앞장섰다. 물론 음악이 전쟁을 멈출 수는 없다. 하지만 분명한 목적 아래 사람들을 단결시키고 영감을 줄 수 있다. 1965년경 밥 딜런은 정치와 저항에서 멀어졌다. 음악 동료이자 한때 연인 사이였던 존 바에즈와 밥 딜런의 관계는 무너졌다. 밥 딜런의 변화에 존은 실망했다. 하지만 존은 훗날 밥 딜런의 노래가 비폭력 운동에서 "우리가 지닌 가장 강력한 수단"이었다고 경의를 표했다.

역사에 도전한 여성 운동가

었다. 존은 워싱턴 기념비 앞에서 무료 콘서트를 여는 것으로 대응했다. 약 3만 명이 모인 이 공연은 1960년대에 존이 연 여러 콘서트 가운데 하나였다. 존은 저항곡으로 군중을 단결시켰다.

존이 강경한 태도를 취한 1964년 당시만 해도 반전 운동의 규모는 크지 않았다. 그런데 직접 반전 운동을 조직하는 단체들이 많아지면서 1960년대 후반이 되자 규모가 커지기 시작했다. 학생 단체도 있었고, '평화를 위한 여성 파업'처럼 걱정하는 어머니와 여성 정치인들이 이끄는 단체도 있었다. 시민권 운동 지도자들도 참여했다. 사람들은 대중 시위와 행진을 진행했다. 청년들은 공개적으로 징집 영장을 불태웠다. 입대한 뒤 전쟁 때문에 베트남으로 보내지는 것에 항의하는 의미였다.

존은 이런 활동에 많이 참여하는 동시에 베트남에 가지 말라고 군인들을 설득하기도 했다. 베트남으로 파견될 징집 군인들이 있는 군 본부를 방문해 징병 저항자, '징병 기피자'가 되어달라고 부탁했다. 징병 기피자란 징병을 피하기 위해 캐나다로 달아나거나 숨어 있는 사람을 지칭한다. 징집 명령에 저항하는 것은 위법이지만 군인들의 마음을 돌리는 데 성공하기도 했다. 하지만 대개는 존에게 야유를 하고, 침을 뱉고, 발길질을 했다.

1967년, 존을 비롯한 40여 명이 군 본부 앞에서 연좌 농성을 했다는 이유로 체포되었다. 존은 감옥에서 열흘을 보냈다. 그 뒤에도 비슷한 이유로 또다시 수감됐다. 이런 일을 겪을수록 존은 더욱 강인한 평화주의자가 되었고, 반전 활동을 하려면 노래를 부르는 것 이상의 뭔가가 필수적이라고 말했다.

"의미 있는 노래를 부르는 데 전념하려면 그런 노래를 뒷받침할 만한 인생을 사는 데도 온 힘을 쏟아야 해요."

한 동료 음악가는 존이 무슨 일을 당하든 "곧바로 되돌아가서 처음부터 다시 시작했다. 그건 흔히 볼 수 없는 종류의 용기다"라고 말했다.

1968년, 존은 같이 활동하던 운동가 데이비드 해리스와 결혼했다. 그는 감옥에 있는 존을 찾아가기도 했는데 이듬해엔 그 역시 군 복무를 거부하면서 제 발로 감옥에 들어갔다. 존은 아이를 가진 상태였다. 존과 데이비드 사이에 아들 게이브리얼이 태어났지만 몇 년 뒤 두 사람은 이혼했다. 남편이 투옥되고 임신을 해도 존의 반전 활동은 수그러들지 않았다.

1969년에는 큰 행사가 열렸다. 사람들은 당대 최고의 음악 저항 행사라고 표현했다. 바로 우드스톡 축제였다. 8월 15일 뉴욕 주 위쪽에 있는 한 농장에서 시작된 우드스톡 음악 예술 축제는 '사흘간의 평화와 음악'으로 일컫는다. 재니스 조플린, 더 후, 지미 헨드릭스, 존 바에즈 등 여러 유명 음악가의 공연을 보기 위해 40만 명이 모인 것으로 추산되었다. 축제 첫날 마지막 공연자로 나선 존 바에즈는 군중을 이끌며 반전 노래를 불렀다. 우드스톡은 베트남 전쟁에 반대하는 분위기가 지배적이었다. 존 바에즈를 초청한 것은 탁월한 선택이었다.

역사에 도전한 여성 운동가

1971년 무렵에는 존 바에즈가 애초부터 주장한 것처럼 미국이 베트남에서 철수해야 한다는 주장에 동의하는 미국인이 더 많아졌다. 베트남 전쟁에 대한 대중의 지지는 서서히 줄어들었다. 1965년 여론 조사에서는 미국인 61퍼센트가 전쟁을 지지했으나 1971년 즈음에는 28퍼센트로 떨어졌다. 미국인들이 지구 반대편에서 일어난 전쟁을 싫어하게 된 데는 여러 가지 이유가 있었다. 무엇보다 자국 청년들이 죽고 있었다. 언론을 통해 드러난 전쟁의 공포에 눈을 떴고, 미 라이 같은 마을에서 무방비 상태인 베트남 양민을 학살했다는 보도에 진저리 쳤다. 존 바에즈를 비롯해 주도적으로 반전 운동을 전개한 사람들과 평화 기구들도 미국인들의 인식을 개선하고 전쟁에 반대하는 의견을 한데 합치는 데 분명히 영향을 미쳤다.

1972년, 국민들의 지지가 떨어졌음에도 불구하고 미국은 여전히

베트남 전쟁의 대가

베트남 전쟁에서 미군 약 30만 명이 부상을 입었고, 5만 8,000명이 넘는 미국인이 사망하거나 실종됐다. 워싱턴에 있는 '베트남 참전 용사 기념비'는 희생당한 모든 이들의 이름을 기다란 벽에 새겨 기리고 있다. 1975년 전쟁이 끝날 때쯤에는 북베트남과 남베트남을 통틀어 125만 명에 달하는 병사가 목숨을 잃은 것으로 집계됐다. 미국의 베트남 전쟁 참전 기간에 숨진 베트남 민간인 숫자는 정확히 알려지지 않았다. 100만~300만 명이 죽은 것으로 추정된다.

전쟁을 벌이고 있었다. 바로 그해, 전쟁 반대자로서 존은 인생에서 가장 큰 위험을 참고 견뎠다. 존은 12월에 한 평화 단체의 일원으로 북베트남의 수도 하노이를 방문했다. 하노이에는 한동안 미국의 폭격이 없었다. 그런데 존이 가 있는 동안 '크리스마스 폭격'이 시작되었다. '크리스마스 폭격'은 베트남 전쟁을 통틀어 가장 심한 폭격이었다. 사람들이 죽는 모습을 직접 본 존은 겁에 질렸다. 다행히 집으로 무사히 돌아갈 수 있었다. 하노이를 방문한 지 채 한 달이 지나지 않아 평화 협정이 체결됐다. 그리고 석 달 뒤, 1973년 3월 29일, 베트남에 남았던 마지막 미군 부대가 철수했다. 이로써 미국의 베트남 전쟁 개입에 반대하는 존 바에즈의 비폭력 투쟁도 끝이 났다.

목숨을 걸다

존 바에즈는 저항 운동을 하면서 수차례 생명의 위험을 감수했다. 미국 남부에서 시민권 행진을 할 때는 흑인이 백인 학교에 다닐 수 있게 됐다는 이유로 벽돌과 돌멩이를 던지는 사람들의 공격을 받으면서도 흑인 아이들과 함께 걸었다. 존은 텔레비전 뉴스 카메라들이 따라다닐 정도로 유명인인 자기가 그 자리에 있음으로써 폭력을 저지할 수 있다고 믿고, 그러기를 바랐다. 시민권 운동가 제시 잭슨은 "적대감이 가득하고 위험한 장소에는 존 바에즈가 있었다"고 말했다. 잭슨은 대부분의 예술가들은 시민권 투쟁에서 점점 멀어져 가면서 자기 경력을 보호했다면서 "하지만 존은 왔어요"라고 덧붙였다.

역사에 도전한 여성 운동가

1975년에 베트남 전체가 북베트남으로 넘어감으로써 전쟁이 완전히 끝나고 40여 년이 지났다. 수십 년 동안 존 바에즈는 한 번도 노래를 멈추지 않았고, 한 번도 비폭력 활동을 멈추지 않았고, 한 번도 다른 교전 지역 방문 활동을 멈추지 않았다. 또 사형에 반대하고 동성애자의 권리를 지지했으며 빈곤을 해결하고자 손을 쓰기도 했다. 지속적인 활동으로 상과 훈장도 여럿 받았다. 1975년에는 유명한 미국인 성직자의 이름을 따, 정의를 위해 고군분투한 사람에게 매년 수여하는 토머스 머튼 상을 받았다. 2011년에는 국제 사면 위원회에서 존 바에즈의 이름으로 수여한 상을 받았다. 국제 사면 위원회는 1977년 노벨 평화상을 받은 세계 인권 기구다.

개인적으로 정치적 이상에 둘러싸여 있을 때 가장 행복하고 가장 건강하다고 존은 말한다. 일흔이 되던 해에 존은 뉴욕 길거리에서 '월가 점령 운동'을 펼치는 군중과 함께 노래를 불렀다. 월가 점령 운동은 거대 은행과 다국적 기업에 맞서 소수에게 지나친 부가 집중되고 다수의 빈곤이 늘어나는 상황을 항의하는 것이었다. 존은 원하는 대로 노래를 부르며 평생을 살아왔다. 존은 노래들을 '단짝 친구들'이라고 부른다. 이 노래들은 "인간의 삶과 고통, 현실적인 문제와 연결되어 있다"면서 "그 외에는 내게 음악이 아니다"라고 존은 말한다.

**"그 누구도 다른 사람의 인생을
좌지우지할 권리는 없어요. 누구도요."**

Leilani Muir 레일라니 뮤어

1944 -

1955년, 레일라니 뮤어의 어머니는 열한 번째 생일을 고작 며칠 앞둔 딸을 보호 시설에 집어넣었다. 레일라니는 가족이 자신을 버렸다고는 꿈에도 생각지 못했다. 가게 된 곳이 뭔가 다르다는 것도 깨닫지 못했다. 레일라니 뮤어는 그곳에 있는 다른 아이들도 같은 처지라고만 생각했다.

"아무도 걔들을 원하지 않았어요."

캐나다 앨버타 주에 있던 이 보호소는 특별한 목적이 있는 곳이었다. 이 '정신 박약아 지방 훈련 학교'는 지적 장애가 있는 것으로 보이는 아이들을 수용했다. 당시엔 '지적 장애'라는 말 대신 '정신 박약'이라는 용어를 사용했다. 10년 뒤 레일라니는 학교를 떠났고, 자기도 모르는 사이에 학교가 무슨 짓을 저질렀는지 알게 되었다. 열네 살 때 레일라니는 불임 수술을 당했다. 나팔관을 제거하는 수술을 받은 것이다. 레일라니는 아이를 가질 수 없게 되어버렸다.

레일라니에게 일어난 일이 캐나다에서만 수천 명, 전 세계적으로는 수십만 명에게 벌어졌다. 우생학에 대한 믿음의 결과였다. 우생학

신봉자들은 정신적 장애가 있는 사람들이 범죄자이고 부도덕하며 사회에 위협이 된다고 믿었다. 그런 사람들은 보호소에 가둬 '정상적인' 사람들과 섞이지 못하게 하고, 아이를 갖지 못하게 막아야 한다고 생각했다. 그렇게 하지 않으면 이들의 '결함'이 대대로 유전될 것이고, 그 결과 사회 전체를 약화시킬 것이라는 이유였다. 소위 '과학실험'이 정신적으로 '부적합한' 사람을 결정하는 데 이용됐다. 과학과 우생학에 근거한 방법들은 이제는 완전히 신빙성을 잃었다. 잘못된 실험들이었다. 레일라니 뮤어를 비롯해 이상이 없는 사람에게 '정신 박약'이라는 꼬리표를 붙이는 경우가 비일비재했다.

불임 수술을 받고 거의 40년이 지난 뒤 레일라니는 강력한 대응에 나섰다. 자신에게 저지른 짓에 대해 처음으로 주 정부를 법정에 세운

우생학이란?

"우생학을 뜻하는 영어 단어 eugenics는 그리스어로 '핏줄이 좋은'이라는 의미다. 20세기 초 우생학 운동은 가축을 품종 개량하는 것과 똑같은 방식으로 인간도 과학적으로 개량할 수 있다는 생각을 퍼뜨렸다. 우생학을 지지하는 사람들은 바람직한 특성을 지닌 사람만이 자식을 낳을 수 있게 해야 한다고 주장했다. 덜 바람직한 사람, 약한 사람은 자식을 낳으면 안 되었다. 하지만 '바람직하다'고 결정할 권한이 누구에게 있단 말인가? 이런 결정은 대개 어떤 집단이 '약하고' '부적합하다'는 인종 차별적 사고방식에 기초한 것이었다.

것이다. 레일라니는 과학이라는 이름으로 자행된 잔인함을 대중에게 알리고, 그런 일이 또다시 벌어지지 않도록 소송을 제기했다.

레일라니는 1944년 7월 15일 앨버타 주 캘거리에서 태어났다. 어머니는 스무 살 때 얼 드레이콧이라는 남자와 두 번째로 결혼을 했다. 레일라니가 태어날 당시 얼 드레이콧은 군 복무 중이어서 집에 없었기 때문에 친부가 누구인지는 불분명하다. 레일라니가 제기한 법정 소송에서 스코라 부인으로만 언급된 어머니는 당시 H. G. 스코라라는 남자와 함께 살고 있었다. 레일라니의 어머니는 폴란드 출신 로마 가톨릭교도였다. 열네 살에 처음 결혼을 한 뒤 6년 동안 레일라니를 포함해 네 자녀를 낳았다.

스코라 부부는 가난했고 여기저기 떠돌아다녔다. 이웃과 멀리 떨어진 외딴 농장에 살았다. 레일라니의 말에 따르면 그래서 어머니가 더 쉽게, 함부로 딸을 학대했다고 한다. 어머니는 걸핏하면 때리고 밥을 주지 않았다. 너무 배가 고픈 레일라니는 학교에서 다른 아이들의 도시락을 훔쳤다. 이를 계기로 레일라니가 일곱 살 때 가족은 의사, 심리학자, 사회복지사와 함께 진료소라는 곳을 생각하게 되었다. 점심 도시락을 훔친 것 외에 레일라니가 다른 문제나 정신 장애가 있다는 진료 기록은 전혀 없다. 다만 어머니가 스스로 알코올 중독자라는 사실을 인정했다는 기록은 실제로 존재한다.

어머니는 딸을 갖고 싶었던 적이 한 번도 없다고, 그래서 레일라니를 키우고 싶지 않다고 했다. 1952년, 여덟 살 때는 한 달 동안 수녀

원에 있기도 했다. 그러고 나서 1955년 7월 12일, 어머니는 딸을 앨버타 주 레드 디어에 있는 지방 훈련 학교에 데리고 가 입학 서류에 서명을 했다. 이 학교가 문을 열기 5년 전인 1928년, 우생학 열풍이 한창이던 때 앨버타 주는 단종법을 통과시켰다. 브리티시컬럼비아주도 단종법을 통과시키긴 했지만 앨버타 주의 법이 가장 포괄적으로 큰 영향력을 미쳤다.

우생학 개념은 1800년대 말에 출현해 1900년대에는 전 세계로 확산됐다. 우생학 확산은 인종 차별주의를 더욱 부채질했다. 전반적으로 지능이 떨어지면서 사회가 약해지고 있다는 우려가 널리 퍼졌다. 사람들은 이민자나 백인이 아닌 사람들이 많아진 탓으로 돌리기도 했다. 이민자, 백인이 아닌 사람들은 강제 불임 수술의 표적이 되기 십상이었다. 사람들은 정신적으로 열등하다고 여겨지는 이들이 아이를 갖게 놔두면, 그런 사람들이 늘어나 세상이 내리막길로 접어들 것이라고 생각했다. 영국 출신 백인 개신교도들은 캐나다에서 호감을 사는 집단이었다. 반면에 동유럽인, 메스티소를 포함한 원주민은 가장 많이 불임 수술 대상이 됐다. 앨버타 주에서는 총 3,000명가량이 강제로 불임 수술을 당했다. 그 가운데 25퍼센트는 원주민이었다. 원주민이 전체 인구에서 차지하는 비율은 4퍼센트 미만이었음에도 불구하고 말이다.

레일라니는 열등한 부류로 분류됐을 것이다. 어머니가 동유럽 출신 가톨릭 신자였기 때문이다. 하지만 레드 디어 학교에 처음 입학했을 때 실제로 정신 장애가 있는지 알아보는 검사는 받지 않았다. 어머니가 입학 서류에 서명했고 학교 관계자들이 접수한 게 고작이었다. 그들은 레일라니가 감정적으로는 문제가 있을 수 있으나 '저능아'는 아니라고 밝힌 의사의 진단서를 무시했다. 그곳에서 레일라니는 저학년 교육 과정을 받고 성적도 좋았다. 원래 살던 집보다 좋은 점도 몇 가지 있었다. 레일라니는 학교에 "갖고 놀 장난감, 깨끗한 침대, 깨끗한 옷, 그리고 하루 세 끼 음식"이 있었다고 말했다. 다른 여학생들은 "자매들 같았다". 어머니가 딸에게 너무 연락을 하지 않자 레드 디어 학교에서 지낸 지 거의 1년이 지난 뒤 학교 관계자가 편지를 보냈다. 편지에는 "레일라니는 어머니가 자신을 잊어버렸다고 느

또 어떤 곳에서?

미국의 몇몇 주와 스웨덴, 오스트리아, 스위스, 벨기에, 체코 공화국 등 여러 국가들이 강제 불임 수술을 시행했다. 우생학 운동은 1920~30년대 독일에서도 인기를 끌었다. 불임 수술은 인종적 순수성과 우월성을 확대하는 방법으로 여겨졌고, 나치 지도자 아돌프 히틀러에게는 최고로 중요한 개념이었다. 나치가 불임 수술을 한 사람의 수가 3만~40만 명 정도로 추산된다. 나치의 인종 정책으로 유대인 600만 명을 비롯해 장애인처럼 바람직하지 않거나 열등하다고 간주된 수백만 명이 살해당했다. 나치의 만행 이후 북아메리카 곳곳의 사법부들이 단종법을 폐지했다. 앨버타 주와 브리티시컬럼비아 주는 1970년대까지 단종법을 유지했다.

끼기 시작했습니다"라고 적혀 있었다. 이 편지를 보내고 나서부터 레일라니는 가족과 더 많이 연락하며 지냈고 가끔은 식구들을 보러 집에 가기도 했다.

1957년 11월, 레드 디어 학교에서 지낸 지 2년이 넘었을 때 레일라니는 지능을 측정하는 아이큐 검사를 받았다. 요즘에는 아이큐 검사가 잘못되고 부정확하다는 사실을 다들 알고 있다. 아이큐 검사는 정상 지능이어도 점수가 낮을 가능성이 많았다. 백인 중산층, 영어를 쓰는 북미 사람인 경우 더 쉽게 이해할 수 있는 검사였다. 영어를 잘하지 못하거나 다른 문화권에서 온 이민자, 가난한 사람, 북미 지역에 대한 경험이 부족한 사람은 잘 이해할 수 없는 질문들이었다. 레일라니처럼 학대를 받거나 감정적인 문제가 있거나 능력이 떨어지는 아이들을 대상으로 고안된 교육을 받은 경우에는 낮은 점수를 받

지능 검사에 대한 편견

1913년 봄에 실시한 어느 연구에 따르면, 미국에 들어온 이민자들이 받은 지능 검사에서 80퍼센트 이상이 '정신 박약'으로 나왔다. 이 결과는 명백히 사실이 아니었다. 하지만 이 연구 결과를 발표한 과학자는 다른 많은 사람들과 마찬가지로 진짜라고 믿었다. 이들은 이민자들에게 인종 차별적인 생각을 가지고 있었고, 과학을 지나치게 믿었기 때문이다. 이들은 편견이 그런 결과를 낳았다는 사실을 이해하지 못했다.

역사에 도전한 여성 운동가

을 위험성이 더 높았다.

아이큐 검사는 사람을 몇 가지 범주로 나누는데, 검사 결과 레일라니는 평균 이하의 '정신 박약 바보 멍청이'였다. 이 범주에 포함된다는 것은 불임 수술을 당할 수 있다는 의미였다. 당시 레일라니에 대한 기록을 보면 아이를 가질 경우 정신 박약이 대물림될 수 있고 "똑똑한 부모 노릇을 할 능력이 없었다". 그렇게 해서 1959년 1월 18일, 낯선 방에 끌려간 열네 살 레일라니는 맹장을 제거할 거라는 말을 들었다. 바로 그때 불임 수술도 함께 진행되었다.

재판 기록에 따르면 불임 수술은 생리를 시작하고 얼마 되지 않아 이뤄졌다. 월경을 하고 있었다는 사실은 중요하다. 시술 당시 임신을 할 수 있는 신체 상태였다는 증거이기 때문이다. 학교 측과 긴밀히 공조한 정부의 우생학 위원회가 막으려던 것이 바로 임신이었다. 몇 년 뒤 그 학교에 있던 사람들이 앨버타 주에서 본인도 모르는 사이에, 혹은 본인 허락하에 불임 수술을 받은 단일 집단 중 최대 규모였다는 사실이 드러났다.

1965년, 훈련 학교에서 10년을 보낸 뒤 레일라니는 이곳을 떠나기로 결심했다. 스물한 살이 다 되었지만 고작 5학년 수준의 교육을 받았고 살아갈 준비가 형편없을 정도로 안 되어 있었다. 레일라니는 처음으로 데이트한 남자와 결혼했다. 왜 임신이 안 되는지 알아보려고 의사를 찾아갔을 때 검사를 받고 나서야 이유를 알게 되었다. 수년 동안 그 사실을 받아들일 수 없었던 레일라니는 상처 입은 몸을 되살릴 방법을 계속 찾으러 다녔다. 하지만 복구는 불가능했다. 한 의사는 "마치 도살장을 통과한 몸 같다"고 표현했다. "그 의사 말이 딱 맞았다." 첫 번째 결혼은 이혼으로 끝이 났다. 두 번째 결혼이 깨진 것 역시 불임이 큰 이유였다.

아이를 가질 수 없다는 생각에 감정이 피폐해질 대로 피폐해지자 레일라니는 결국 정신과 의사를 찾아가게 되었다. 1975년에 만난 정신과 의사는 레일라니의 감정 상태가 "당연하다"면서 손상된 자아상과 생식 능력은 되돌릴 수가 없다고 했다.

1989년 무렵 브리티시컬럼비아 주 빅토리아에 살 때는 거의 돌이킬 수 없는 지경에 이르렀다. 심각하게 자살을 생각했다. 지금도 레일라니는 정신 건강 단체로 자신을 이끈 건 믿음이었다고 생각한다. 꼭 받아야 하는 치료를 결정하는 과정에서 레일라니는 아이큐 검사가 아닌 다른 지능 검사를 받았다. 결과를 보고 의사들은 큰 충격을 받았다. 테스트 결과 레일라니의 지능은 정상이었다. 1957년에 낙인찍힌 것처럼 '바보 멍청이'가 아니었던 것이다.

부당하게 정신 박약이라고 낙인찍고, 본인 모르게 허락도 없이 불임 수술을 하는 등 레일라니가 당한 그 모든 일을 고려해볼 때 정부를 고소해야 한다고 레일라니를 치료한 의사들은 말했다. 이제는 앨버타 주가 잘못을 인정할 때라는 데 레일라니 역시 동의했다. 앨버타 주의 단종법은 1972년에 폐지됐다. 처음 이 법이 통과되고 44년이 지난 뒤였다. 그런데도 사람들은 단종법으로 피해를 입은 희생자들에 대해 전혀 몰랐다.

레일라니는 법률 사무소를 찾아가 주 정부를 상대로 제기한 소송에서 변호를 맡아달라고 했다. 다른 여성이 똑같은 소송을 제기하기도 했다. 하지만 재판 없이 합의로 사건을 매듭지었기 때문에 이 문제를 말할 수 없었다. 주 정부가 저지른 범죄는 대중의 관심을 받지 못했다. 레일라니 사건은 본인의 의견에 따라 공개적으로 진행하기로 했다. 레일라니는 무슨 일이 일어났는지 사람들이 정확히 알기를 바랐다.

레일라니가 사람들 앞에서 연설을 하고 있다. 레일라니의 연설을 통해 다른 사람들은 똑같은 일을 절대로 겪지 않을 것이다.

1989년에 서류를 제출했지만 재판은 1995년 6월에야 시작되었다. 캐나다에서 이런 유의 사건을 법정에서 다투는 것은 처음이었기 때문에 엄청난 관심이 쏟아졌다. 레일라니는 첫 재판이 있던 날 약 100명 정도 되는 언론사 사람들이 기다리고 있었다면서 "간담이 서늘했다"라고 했다. 당시 레일라니는 쉰 살이었다. 빅토리아에 있는 식당에서 아르바이트를 하며 혼자 살면서 가끔 교회에 가곤 했다. 정원을 가꾸고 바느질과 책 읽기를 즐기던 그가 갑자기 캐나다 전역으로 나가는 텔레비전 뉴스와 신문 머리기사의 주인공이 되었다.

레일라니는 몇 주에 걸쳐 법정에서 고통스러운 사연을 이야기했다. 부모는 둘 다 세상을 떠난 뒤였다. 정부 측 변호사들은 정말로 어머니가 학대를 했는지를 비롯해 가족사에 대해 의문을 제기하려고 기를 썼다. 정부 측은 불임 수술을 당해서는 안 됐다고 하면서도 그것이 인권법을 위반한 것은 아니었다고 했다. 당시에는 캐나다나 앨버타 주에 인권법 자체가 없었기 때문이다.

재판에 나온 증인 중에는 불임 수술을 승인한 우생학 위원회의 전직 위원도 포함되어 있었다. 이 위원이 정신 발달 지체인 다운 증후군 소년들도 불임 수술을 당했다는 사실을 증언하자 법정에 있던 사람들은 경악을 금치 못했다. 다운 증후군 남성들은 기본적으로 아버지가 될 수 없기에 불임 수술은 불필요했다.

레일라니가 제기한 소송은 단지 불임 수술을 당했다는 이유만으로 주 정부에 배상을 요구한 것이 아니었다. 자신을 '바보 멍청이'로 분류하고 제대로 된 검사도 하지 않은 채 10년 동안 보호소에 가둔 것도 이유였다. 재판이 진행되는 도중에 정부는 6만 달러에다가 레일라니가 법적 조치를 시작한 때까지의 이자를 더해 배상금을 지급하겠다고 제안했다. 그동안 참고 견딘 시간에 그렇게 보잘것없는 가치를 매겼다는 데 레일라니는 모욕감을 느꼈다.

역사에 도전한 여성 운동가

"신은 나를 온전한 인간으로 만드셨어요. 그런데 저들은 불임 수술로 나를 반쪽짜리 인간으로 만들어버렸지요."

앨버타 주의 제안은 모욕 그 자체였다.

1996년 1월 25일, 판사는 75만 달러에 이르는 돈을 레일라니 뮤어에게 지급하라는 판결을 내렸다. 75만 달러는 법률상 육체적, 정신적 고통에 대해 받을 수 있는 최대 금액이었다. 이 결정에 대해 조앤 베이트 판사는 직설적인 설명을 덧붙였다. 베이트 판사는 불임 수술로 인해 레일라니가 겪은 상처는 "먼 장래에까지 계속될 것"이라면서 감정적, 육체적 손상은 '크나큰 비극'이 분명하며, 불임 수술 당시 공

깜짝 놀랄 만한 우생학 지지자들

우생학의 인기가 절정일 때 캐나다의 유명한 인권 운동가와 진보적인 정치인 들 중에도 이를 지지한 사람들이 있었다. '유명인 5인방'으로 알려진 여성들도 그러했다. '유명인 5인방'은 캐나다에서 여성이 법적으로 인간으로 인정받도록 투쟁을 이끈 페미니스트들이었다. 그런데 이들은 정신적 장애가 있는 사람들을 위협이라고 여겼다. 침례교 목사였다가 정치인으로 변신한 토미 더글러스도 처음엔 우생학을 지지했다. 더글러스는 무료 진료 제도처럼 중요한 캐나다 정책들을 제정하는 데 지도력을 발휘해 존경받는 인물이다. 하지만 1936년 독일을 방문했을 때 무슨 일이 벌어지는지 직접 목격한 뒤로는 생각을 바꾸었다. 이후 서스캐처원 주 보건 장관이 된 더글러스는 강제 불임 수술을 격렬하게 반대했다.

무원들이 취한 태도는 '고압적'이고 '모욕적'이었다고 표현했다. 인간의 존엄성을 조금도 존중하지 않았으므로 "지역 사회와 법원의 품위를 손상시켰다"고도 했다. 베이트 판사는 학교에 있는 동안 정상적인 발달 기회를 박탈당했다는 이유를 들어 별도 보상금을 지급하라는 판결도 내렸다.

베이트 판사는 이러한 결론을 레일라니 사건에만 국한시키지 않았다. 우생학 위원회 소속 의사들을 비롯한 여러 사람이 다운 증후군 소년들을 '대단히 혐오스럽고' 역겨운 방식으로 대했다고 말했다. 불임 수술을 당한 이들과 관련해서 베이트 판사는 캐나다의 초기 우생학 운동은 분명 대단히 인종 차별적이었다고 표현했다. 우생학은 영국 혈통인 사람들이 '이민자들 때문에 자기네 인종이 약해질 가능성이 있다'고 판단한 우려에서 시작된 것이었다. 그들은 열등하다고 여기는 사람들의 생식 능력을 통제함으로써 그 가능성을 막으려 했다.

레일라니의 승리는 본인뿐 아니라 정부 정책에 따른 다른 희생자들을 위한 것이기도 했다. 소송을 제기한 뒤 적어도 700명이 레일라니의 선례를 따라 주 정부를 고소했다. 언론은 이제 일반인도 다 아는 사실에 혐오감을 표출했다. 신문들은 앨버타 주 정부가 '캐나다 역사상 최악의 인권 침해'를 저질렀다고 보도했다. 언론은 레일라니를 영웅이라고 칭했다. 한 칼럼니스트는 "레일라니의 용기를, 수준 높은 지능을 인정하자"면서 "동전 한 푼까지 받을 자격이 있다"고 글을 맺었다.

역사에 도전한 여성 운동가

우생학 프로그램이 위험하고 잘못됐을 뿐만 아니라 동시에 "미래에 경종을 울린다"는 글을 쓴 사람들도 있었다. 이들은 유전적 결함 가능성을 시험하는 기술이 빠르게 발전해 우생학적 사고가 부활할 수도 있다고 문제를 제기했다.

레일라니는 용기를 내 추진한 일 덕분에 다른 피해자들도 혜택을 보게 되어 몹시 기뻤다. 하지만 돈이 상처를 없애주지는 않았다. 정부가 "모두에게서 아주 귀중한 것을 빼앗았기" 때문이다. 그러면서도 소송 사건으로 관심을 얻었으니 "다시는 그런 일이 일어나지 않으리라고 확신한다"고 말했다. 요즘도 레일라니는 언론 매체나 각종 회의를 통해 꾸준히 대중 앞에 서고 있다. 캐나다 역사에서 암울한 시절과 우생학에 대한 자세한 이야기가 잊히지 않게 하기 위해서다. 레일라니 뮤어는 이렇게 얘기한다.

"그 누구도 다른 사람의 인생을 좌지우지할 권리는 없어요. 누구도요."

"동물에게 제대로 된 삶을 내줘야 한다."

Temple Grandin 템플 그랜딘

1947 -

템플 그랜딘은 20대 때 인생의 목표를 알았다. 동물의 정신적, 육체적 고통을 멈추게 해주고 싶었다. 야생 동물이나 이국적이고 희귀한 동물, 반려동물이 아니라 소, 돼지, 닭 같은 가축들 말이다. 우리는 가축을 잡아먹으면서도 그 동물에 대해서는 좀체 생각지 않는다.

대학에서 소와 정육 산업을 연구하면서 템플은 생명체에 가해지는 잔인함을 목격했다. 정육업계 사람들에게 가축이란 그저 '사물', 이윤을 남기고 내다 파는 상품일 뿐이었다. 이들은 결코 가축을 함께 살아가는 존재로 생각하지 않았다. 이 생명체들은 살아 있는 동안 말도 안 되는 고통스러운 환경에 놓이기 일쑤였고, 죽을 때는 불필요하게 고통받았다. 템플은 이런 상황을 바꾸리라 결심했다.

오늘날 가축에 대한 대우가 상당히 개선된 데는 템플 그랜딘의 역할이 매우 컸다. 템플의 영향력은 너무나도 놀라울 정도다. 가장 유명한 동물 권리 보호 단체 가운데 하나인 '동물을 윤리적으로 대하는 사람들PETA'의 회장은 템플이 "세계에서 고통을 줄이기 위해 다른 누구보다도 많은 일을 했다"고 말한다. PETA는 물론이고 동물 복지 단체, 동물 애호 협회에서 정육업계에 이르기까지 수많은 국내외 단체들이 템플에게 특별상과 훈장을 수여해 업적을 인정했다. 『타임』지는 템플 그랜딘을 세계에서 가장 영향력 있는 사람이자 영웅이라고 칭했다. 이는 특히나 더 놀라운 일이다. 템플은 세 살 때 자폐증이라는 뇌장애 판정을 받은 인물이기 때문이다.

템플은 1947년 8월 29일 매사추세츠 주 보스턴에서 태어났다. 유스테시아 그랜딘과 딕 그랜딘 사이에서 태어난 네 아이 중 맏이였다. 유스테시아는 딸의 행동이 다른 아이들과 다르다는 걸 눈치챘다. 하지만 자기가 어머니로서 경험이 부족한 탓이라고 여겼다. 템플이 두 살 반 정도 됐을 무렵 문제는 점점 더 뚜렷해졌다. 템플은 말을 하지도, 웃지도 않았고 난폭하게 분노 발작을 일으켰다. 귀가 안 들리는 것처럼 말을 걸어도 반응이 없었다. 큰 소리가 나면 겁에 질렸다. 자

여성과 동물

1800년대 이후 미국과 영국에서는 여성이 동물의 권리와 복지를 위한 운동에 앞장섰다. 프랜시스 파워 코브Frances Power Cobbe도 그 가운데 한 사람이었다. 코브는 1875년에 최초로 동물 실험에 반대하는 기구를 설립했다. 전국 동물 생체 실험 반대 학회라는 단체였다. 코브는 여성 투표권을 위한 투쟁도 이끌었다. 1980년에 탄생한 PETA의 공동 설립자 잉그리드 뉴커크Ingrid Newkirk는 템플 그랜딘이 동물의 고통을 엄청나게 줄였다고 칭찬했다.

역사에 도전한 여성 운동가

폐아들이 일반적으로 보이는 행동들이었다. 하지만 1940년대 말이었다. 자폐증은 최근에 와서야 병으로 인식되었다. 템플의 아버지는 딸이 정신 지체라면서 아내가 명백한 사실을 모른 체한다고 나무랐다. 세 살 때 받은 검사 결과 정신 지체 징후는 전혀 없었다. 하지만 얼마 안 있어 정신과 의사는 자폐증 진단을 내렸다.

당시에 자폐증에 대해서는 알려진 게 거의 없었다. 어린이 88명 중 1명이 자폐증 장애가 있는 것으로 추정되지만, 지금도 여전히 병의 원인을 비롯해 풀리지 않은 수수께끼가 많다. 자폐증은 여러 형태로 나타난다. 어린 시절의 템플처럼 청각이나 후각 등 감각은 지나치게 예민한데 말을 하지 않기도 한다. 템플은 자기 귀가 마이크 같아서 보통 소음도 엄청나게 크게 들려 고통스러울 수 있다고 했다. 일반적으로 자폐증인 사람은 다른 사람이 만지는 걸 싫어하고, 눈을 맞추려 하지 않으며, 사람들과 함께 있는 걸 힘들어한다. 때로는 빙글빙글 끝없이 돌기도 하고, 똑같은 단어를 계속 반복하거나 한 가지 사물을 한참 뚫어져라 쳐다보기도 한다.

템플도 이런 행동을 많이 했다. 어른이 되고 나서 자폐증 환자임을 공개할 때 그는 어린 시절 가장 강하게 느낀 감정이 공포와 불안이었다고 했다. 그런데 빙글빙글 돌면 왠지 모르게 공포와 불안을 누그러뜨리는 데 도움이 됐다고 한다. 템플은 자폐증이 감옥 같다고도 했다.

"마치 나를 사랑과 인정 어린 이해의 세계로부터 차단시키는 유리문 같았어요."

자폐증 진단을 받자 아버지는 딸을 보호소에 보내야 한다고 주장했다. 어머니 유스테시아는 단호하게 반대했다. 대신에 템플과 함께할 특별한 보모와 언어 치료사를 들였다. 마침내 템플은 말을 하기 시작했다. 템플이 다섯 살이 되자 어머니는 사립 학교를 찾아냈다. 일반 아이들이 다니는 학교였지만 학급 수가 적고 집에서 가까웠다. 문제가 있긴 해도 템플은 학교 생활에 잘 적응했다. 여전히 분노 발작이 심하고 기이한 행동을 보였지만 예술과 만들기에 소질이 있었다. 반 아이들은 대부분 친절했고 친구도 몇 명 사귀었다. 한 친구는 "템플이 좋아요. 지루하지 않거든요"라고 말하기도 했다.

　템플은 자기가 다른 사람들과 다르다는 걸 이해하지 못했다. 몇 년 동안이나 그 사실을 완전히 깨닫지 못했다. 다른 건 다른 아이들이라고 생각했다. 하지만 고등학교에 진학하자 어려움을 겪게 되었다. 학생 수가 수백 명에 달했고 수업마다 교사도 달랐다. 이는 자폐증인 사람에게는 크나큰 변화였다. 변화는 불안과 공포를 불러일으켰다. 학생들은 템플을 '녹음기'라 부르며 못되게 굴었다. 매번 똑같은 문장을 고대로 되풀이했기 때문이다. '또라이'나 '멍청이'라고 불리기도 했다. 어느 날 한 여학생이 "넌 진짜 저능아야!"라고 퍼붓자 분노가 템플의 온몸을 거칠게 휘감았다. 템플이 던진 책이 여학생의 눈에 맞고 말았다. 템플은 퇴학을 당했다.

　이 사건은 선물이었다. 어머니는 딸처럼 문제가 있는 아이들이 다니는 학교를 찾았다. 1960년 1월에 템플은 버몬트 주에 있는 마운틴

　　　　　　　　역사에 도전한 여성 운동가

컨트리 고등학교로 갔다. 이 학교에서 템플은 동물에 특별히 관심을 기울이기 시작했다. 학교에는 말이 여러 마리 있었고, 템플은 말을 아주 많이 좋아했다. 템플이 나쁜 짓을 저질러 훈육을 해야 할 때 교사들은 동물을 보지 못하게 하는 방법을 썼다.

가장 중요한 것은 템플이 '구세주'라고 부른 교사, 바로 윌리엄 칼록 선생을 만난 곳이 바로 이 학교였다는 사실이다. 칼록 선생은 템플의 내면에서 최고의 것을 이끌어내는 법을 잘 알았다. 억지로 '일반인'으로 만들려고 하지 않았다. 마음이 어떻게 움직이고 세상을 어떻게 바라보는지 이해하려 애썼다. 또 템플이 재능 있고 가치 있는 사람이라고 얘기해주었다. 칼록 선생을 만나기 전 템플은 학교에서 공부를 열심히 하지도, 아주 잘하지도 않았다.

"칼록 선생님을 비롯해 여러 헌신적인 선생님들, 그리고 어머니의 믿음 덕분에 공부를 시작했어요."

그 무렵 어머니는 아버지와 이혼하고 재혼을 했다. 템플에게 고모가 생겼다. 고모인 앤 브리친은 애리조나 주에 큰 목장을 갖고 있었는데, 어머니는 템플이 거기서 여름을 보내면 좋을 것 같다고 생각했다. 하지만 새로운 경험은 여전히 엄청난 불안을 불러일으켰다. 학교 생활은 좋아졌지만 템플의 10대 시절은 최악의 불안 발작으로 점철됐다. 고통에 갇혀 꼼짝달싹 못하던 템플은 마음을 편하게 해줄 뭔가를 간절히 바랐다.

목장에서의 노동이 어느 정도 도움이 되었다. 하지만 늘 간절히 바란 것은, 아직 신체적으로는 참고 견딜 수 없긴 했지만, 누군가에게 안기는 것이었다. 포옹을 갈망하면서도 누군가가 안으면 숨이 막히고 무서웠다. 템플은 다섯 살 때부터 자기를 편안하게 안아주는 기계를 만들겠다는 꿈을 꾸었다. 기계는 사람과 달리 무섭지 않았다. 그해 여름, 동물들이 템플이 찾던 것을 발견하는 데 도움을 주었다.

목장 일꾼들은 압박식 보정 틀이라는 기구를 사용했다. 주사를 놓거나 낙인을 찍을 때 소를 움직이지 못하게 하는 우리였다. 템플은 소가 처음에 기계 안으로 들어가면 겁에 질려서 불안해한다는 걸 알아차렸다. 그런데 우리 양옆이 움직여 소를 압박하자 놀라운 일이 벌어졌다. 소는 금세 평온해졌다. 템플은 그 기계가 자기도 평온하게 만들어줄지 모르겠다고 생각했다. 이것이야말로 늘 꿈꾸던 기계일지도 몰랐다!

템플은 확신에 차 고모에게 자기가 기계 안에 들어갈 테니 소한테 하는 것과 똑같이 양쪽 벽을 움직여달라고 했다. 템플이 생각한 대로였다. 기계 안에 있으니 마음이 안정되었다. 마사지를 받는 것 같았다.

그해 가을 학교로 돌아갔을 때, 칼록 선생은 템플만의 인간 압박 기계를 설계하고 만들라고 용기를 북돋워줬다. 템플은 정말로 압박 기계를 만들었다. 템플을 치료하던 정신과 의사는 그 기계가 '병적'이라면서 사용하지 말라고 했다. 언제나 템플을 지지하던 어머니도 좋은 아이디어라고 생각하지 않았다. 하지만 압박 기계는 불안 발작을 줄이는 데 도움이 됐다. 템플은 기계를 계속 개량했다. 압박 기계

역사에 도전한 여성 운동가

는 공부에 동기 부여가 되기도 했다. 이 기계가 왜 효과가 있는지 정확한 이유를 알고 싶었다. 템플은 "살면서 처음으로 공부의 목적이 생겼다"고 말했다.

1966년, 반에서 2등으로 고등학교를 졸업한 뒤 프랭클린 피어스 대학교로 간 템플은 1970년에 심리학 학위를 받았다. 다음은 대학원 이었다. 템플은 애리조나 주립 대학교에서 동물 행동 전공으로 이학 석사 학위를 따기 위해 열심히 공부했다. 여전히 새로운 장소에서는 공포와 불안, 무가치함 같은 익숙한 감정들이 솟곤 했다. 하지만 머지않아 템플을 일생의 소명으로 이끌 특별한 통찰력을 경험하게 될 터였다.

다름을 자랑하다

템플이 애리조나 주에 있을 때 불안 때문에 극심하게 고통스러워하자 어머니는 이런 편지를 보냈다.

"네가 다르다는 사실을 자랑스럽게 생각해. 삶에 기여한 빛나는 사람들은 다들 달랐어. 외로이 길을 찾았지. 사람들이 끼리끼리 몰려다니고 여기저기 사교 활동이나 하면서 우왕좌왕할 때 템플, 넌 진짜 실질적인 일을 해낼 거야."

템플은 어머니의 조언을 따랐다. 템플의 말 가운데 많이 인용되는 문장이 바로 "적어도 난 다르다"이다. 템플은 동물을 연구하면서 자폐증 환자들에게 힘을 주기 위해 책을 쓰고 연설을 했다. 환자와 그 가족들을 돕는 웹 사이트도 만들었다. 템플이 개발한 압박 기계 역시 자폐아들을 돕는 데 사용되고 있다.

템플은 대학에서 연구의 일환으로 사육장에 있는 소를 관찰했다. 사육장에서 소는 먹이를 먹고 예방 주사를 맞으면서 시장에 나갈 채비를 했다. 사육장에서 소들은 활송 장치라는 좁고 긴 통로를 따라 움직여야 했다. 이따금 분명한 이유 없이 소들이 활송 장치에서 갑자기 혼비백산해 딱 멈출 때가 있었다. 아무도 이유를 몰랐다. 다시 움직이게 하려고 일꾼들은 고통스러운 전기 충격으로 소들을 쿡쿡 찔렀는데 그러면 훨씬 더 공황 상태에 빠졌다. 소 주인들은 동물 복지에 신경을 쓰지 않았다. 소가 그런 반응을 보여서 생산량이 줄까 봐 그게 걱정이었다. 생산량이 감소한다는 것은 손해를 본다는 의미이기 때문이다.

템플은 소의 눈으로 보고 소의 머리로 생각하려고 직접 활송 장치 안으로 들어갔다. 무엇이 소들을 겁먹게 한 것일까? 사육장에서 일하는 사람들은 템플을 우스꽝스럽다고 생각했다. 그들에게 소는 그저 내다 팔 물건이었다. 동물에게 생각이 있으리라고 여기지 않았다. 하지만 템플은 아니었다.

이것이 바로 템플의 연구 과제였다. 동물은 세계를 어떻게 인지하고 어떻게 생각하는가. 템플은 동물이 언어가 아니라 그림으로 생각하는 게 틀림없다고 결론 내렸다. 동물에게는 언어가 없기 때문이다. 하지만 더 큰 발견은 자기 자신에 관한 것이었다. 템플은 자기가 소와 똑같은 방식으로 생각한다는 사실을 깨달았다. 템플은 이렇게 설명했다.

역사에 도전한 여성 운동가

"내 머릿속에는 단어가 전혀 없어요. 그림만 떠오를 뿐이에요."

누가 '개'나 '신발'이라고 말하면 템플은 정밀한 사진을 보는 것처럼 머릿속으로 그 대상을 본다. 사람들은 대부분 이런 식으로 생각하지 않는다는 사실을 오랫동안 알지 못했다. 템플은 자폐증 덕분에 동물처럼 생각한다는 것을 이해했다. 또 세계를 경험하는 방식, 즉 한 가지가 아니라 여러 가지 세부 사항을 한꺼번에 보고, 후각과 청각이 대단히 발달한 것도 동물과 비슷하다는 것을 알게 됐다.

동물처럼 생각하는 능력 덕에 템플은 정육업계에서 소중한 존재가 되었다. 동물의 언어로 이야기하는 것처럼 동물의 행동을 '통역'할 수 있었기 때문이다. 활송 장치 안으로 들어간 템플은 소의 눈으로 이들을 겁먹게 하는 게 무엇인지 알아냈다. 철컹거리며 늘어진 사슬이나 짙은 어둠이 소들을 멈칫거리게 만들 수 있었다. 노란색이나

그림으로 생각하기

템플이 쓴 책 『나는 그림으로 생각한다』는 자폐증인 사람이 세상을 어떻게 경험하는지 서술했다. 상을 받은 〈템플 그랜딘〉이라는 전기 영화 역시 이런 점을 그렸다. 템플 그랜딘에 관한 영국 텔레비전 다큐멘터리의 제목은 〈소처럼 생각하는 여인〉이었다. 『동물과의 대화』, 『동물이 인간을 만든다』 등 동물의 사고와 행동에 관해 쓴 템플의 많은 책이 베스트셀러가 되었다. 이 책들은 생각하고 느끼는 존재로서의 동물을 그렸다.

바람에 풀풀 날리는 털을 무서워한다는 사실도 발견했다. 이제 정육업계 종사자들은 템플을 미쳤다고 생각하지 않았다. 동물이 당황하면 심하게 다칠 수 있고, 멍든 고기는 식용으로 쓸 수 없다. 스트레스를 받은 돼지는 육질이 떨어지고, 스트레스를 받은 젖소는 우유 양이 줄어들었다. 템플은 정육업계 사람들의 '상품'을 보호함으로써 사업을 도왔다.

동물에 대한 이러한 태도, 즉 동물을 '물건'으로 보는 태도는 정육업계에 국한되지 않았다. 템플이 대학에서 연구를 시작할 때만 해도 많은 동물 과학자가 동물에게 감정이나 지능이 있다는 것을 믿지 않았다. 템플은 달랐다. 소와 함께하다 보니 친밀감과 존중하는 감정이 커졌다. 자기와 똑같이 공포와 불안으로 고통받는 소에게 관심을 가졌다. 소를 다루고 취급하는 방식이 문제였다. 잔인한 행동을 하는 사람들도 목격했다. 전기 충격 외에도 동물을 때리거나 다른 악랄한 짓을 했다. 어쨌든 동물은 죽어서 먹을거리가 될 테니 문제가 되지 않는다고 생각하는 것 같았다.

소에 대해 점점 더 많이 알게 되면서 템플은 이런 방식이 잘못됐다는 걸 알게 됐다. 템플은 일기에 이렇게 썼다.

"이 문제에 대해 이렇게 묻겠다. 당신 할머니가 병원에서 죽어가고 있다면 어떻게 할 것인가? 의사가 '이분은 그저 말기 환자일 뿐입니다. 구석에 버려놔도 돼요'라고 말한다면 기분이 어떻겠는가?"

동물이 죽는 것을 지켜보면서 템플은 죽음과 신에 대해 더 많이

역사에 도전한 여성 운동가

2010년, 템플 그랜딘이 테드TED 강연에 나섰다.

생각하게 되었다. 동물 하나하나는 사람과 마찬가지로 '독립된 개체이며 신의 창조물'이라는 사실을 깨닫게 되었다고 한다. 이것이 전환점이 되었다. 동물들은 살았을 때 잘 대우받고 고통 없이 죽을 수 있어야 했다.

"자연은 잔인합니다. 그렇다고 해서 우리까지 잔인해질 필요는 없어요." 템플은 가축을 인간과 같은 생명체로 보게 된 뒤로 동물의 삶을 개선하는 데 일생을 바쳤다. 그는 초등학생 때부터 발휘한 창의적인 능력을 동물처럼 생각하는 특별한 능력과 결합시켜 동물 복지를 개혁했다. 동물의 공포와 불안을 줄일 수 있는 기계와 시스템을 고안한 것이다.

1975년 석사 학위를 받은 해에 템플은 그랜딘 가축 처리 시스템 주식회사를 설립했다. 첫 번째로 돌파할 과제는 기생충과 질병 처리를 위해 소를 깊은 웅덩이에 빠뜨리는 시스템이었다. 당시에 사용되던 시설은 소가 억지로 미끄럼틀을 타고 내려가 물속으로 들어가게 했다. 소들은 겁을 먹었고, 홱 뒤집혀 물에 빠지는 바람에 익사하는 경우도 있었다. 템플이 고안한 시스템은 미끄럼틀을 없애고 소가 침착하게 들어가게 만들었다. 템플의 설계가 국내외 목장 주인들의 관심을 끌면서 이름이 알려졌다.

그 후 템플은 소 활송 장치와 관련해 다른 혁신적인 아이디어를 생각해냈다. 소가 생각하고 행동하는 방식을 이해하고 이를 바탕으로 한 것이었다. 당시 활송 장치는 일직선이어서 소가 장치를 따라 죽 걸어야 했다. 템플은 소들이 굽은 길을 걸을 때 가장 안정감을 느낀다는 사실을 알았기 때문에 활송 장치를 원형으로 만들었고 그 결과 동물들이 더 안정감을 느낄 수 있었다.

템플의 구상이 얼마나 효과적인지 직접 눈으로 보기 전까지는 의심을 거두지 않는 정육업계 관계자들도 있었다. 하지만 템플이 맞닥뜨린 장애물은 이런 의심뿐만이 아니었다. 템플은 완전히 남성 세계에서 일하는 여성이었다. 많은 남성이 주변에 템플이 있는 것을 원

역사에 도전한 여성 운동가

치 않거나 템플의 성공을 시기했다. 한번은 가축 사육장에서 남자들이 템플의 차를 피가 뚝뚝 흐르는 동물 사체의 각 부위로 뒤덮기도 했다. 또 한번은 육류 가공 처리 공장 관리자들이 공장을 구경시켜주면서 똑같은 장소로 세 번이나 되돌아가기도 했다. 바로 피를 완전히 빼기 위해 죽은 동물을 매달아놓은 피 구덩이였다. 왜 세 번씩이나 데려갔을까? "내가 토하는 꼴을 보고 싶었던 거예요. 역겹게 하려고 한 거죠"라고 템플은 그때를 설명했다.

하지만 템플이 발명한 장치와 방법은 널리 퍼졌다. 템플은 계속 가축과 함께하는 새로운 방식들을 고안했고, 모든 발명품이 동물의 공포를 줄임으로써 고통을 완화시킨다는 찬사를 들었다. 오늘날 미국과 캐나다에 있는 소 가운데 적어도 절반은 템플이 만든 인도적인 시스템으로 처리되고 있다. 돼지 역시 마찬가지다. 북아메리카 바깥에 있는 다른 나라들도 템플의 시스템을 사용하는 경우가 많다. 동물보호 운동가들이 템플이 이룬 위대한 변화에 찬사를 보내는 이유다.

템플은 1990년 콜로라도 주립 대학교에서 학생들을 가르치기 위해 포트 콜린스로 옮겨 갔다. 그리고 이듬해 박사 학위를 받았다. 패스트푸드 산업계가 도움을 요청하면서 10년 동안 동물의 인도적 처리에 관한 템플의 영향력은 어마어마해졌다. 미국에 있는 식용 동물만 해도 대략 100억 마리다. 대부분이 햄버거, 닭튀김 등 패스트푸드로 사용된다. 1997년 소송에서 맥도널드가 동물에 대한 잔인한 행위에 책임이 있다는 판결이 나왔다.

이 판결이 사업에 어떤 영향을 미칠 것인가를 두고 불안해하던 맥도널드는 동물 관리 관행을 재검토하기 위해 템플을 고용했다. 템플은 회사 임원들을 도축장으로 데려갔다. 임원들은 눈앞에 보이는 광경에 충격을 받았다. 템플의 말에 따르면 그들은 이렇게 외쳤다고 한다.

"오, 맙소사! 우린 변해야 해!"

그 결과 맥도널드는 공급업자들에게 동물을 인도적으로 대할 것을 요구한 첫 번째 대기업이 되었다.

맥도널드의 변화는 다른 기업들에게도 자극이 됐다. 템플은 웬디스와 버거킹을 비롯해 규모가 큰 식당 체인들에게 조언하기 시작했

채식주의자에 대하여

템플 그랜딘이 동물을 얼마나 가깝게 느끼는지 생각하면, 그리고 정육업계에서 그동안 본 것을 고려하면 템플이 채식주의자일 거라고 생각하는 사람도 있을 것이다. 하지만 템플은 채식주의자가 아니다. 메니에르 병을 앓고 있어서 고기를 안 먹으면 어지럼증을 느낀다고 한다. 그러면서도 "바람이 있다면 사람들이 초식 동물로 진화해서 식용으로는 동물을 아예 죽이지 않는 것"이라고 말하기도 했다. 하지만 사람들이 곧바로 육식 습관을 바꾸지는 못한다. 템플은 동물을 돕기 위해 할 수 있는 가장 중요한 일은 사육장과 도축장이 반드시 인도적으로 운영되게 하는 것이라고 말했다. "동물에게 제대로 된 삶을 내줘야 한다"는 것이다. 템플의 말에 따르면 "동물에 대해 깊이 마음을 쓰면서 고기를 먹는 건 얼마든지 가능하다".

역사에 도전한 여성 운동가

다. 북아메리카 대부분의 지역에 육류와 달걀, 우유를 공급하는 대기업 수십 곳 역시 가축을 키우는 환경 개선 방법을 상담했다. 템플은 미국에서 제일 역사가 깊고 규모가 큰 육류·가금류 무역 협회인 미국 육류 협회의 규칙과 지침을 만들었다. 이전에는 없던 것들이었다. 또 육류 가공 처리 회사들이 인도적 도축법에 따라 마련된 미국 정부의 지침을 준수하고 있는지를 측정하는 시스템도 만들어냈다. 몇몇 잔인한 관행을 없애기 위해 애쓰기도 했다. 그중에는 소나 닭을 날카로운 칼로 죽이기 전에 한쪽 다리만 거꾸로 매달아놓는 것도 있었다. 그렇게 하면 소나 닭이 고통스러워하면서 공포에 질려 비명을 질러댔다.

농장 동물 가운데 소는 가장 좋은 대우를 받게 됐지만 돼지나 닭에 관해서는 아직도 할 일이 많다. 템플은 일어서지도, 몸을 돌릴 수도 없는 좁은 우리에 닭과 돼지를 키우는 관행을 중단시키기 위해 일하고 있다. 닭은 지나치게 빽빽하게 장에 갇히는 바람에 다른 닭들과 부대끼고 스트레스를 받아 깃털이 빠진다. 알을 낳는 닭들은 쪼지 못하게 하려고 부리를 자르기도 한다. 일꾼들이 한쪽 날개만 잡아 신는 바람에 뼈가 반으로 부러지는 경우도 많다. 템플은 끊임없이 농부나 기업체 관리소장 들과의 만남을 꾀하고 있다. 동물을 다루는 방식을 바꾸도록 마음먹게 하기 위해서다.

"동물에게는 보통 사람에게는 없는 특별한 재능이 있어요."

자폐증 환자도 그러하다. 그런데 이 둘의 귀한 능력은 웬만해서는 눈에 보이지 않는다. 템플은 사람들이 동물과 자폐증 환자에 대해 생각하는 방식을 바꾸기를 바랐다. 이제 그는 더 이상 자폐증 환자로 살지 않을 수 있다 해도 그렇게 하지 않을 거라고 말한다. 템플은 그의 깊은 뜻을 널리 전하기 위해 북아메리카 전역을 다니며 여러 회의와 언론에 모습을 비추고 있다. 템플이 어린 친구들에게 알리려는 가장 중요한 한 가지는 아마도 이런 것일 게다.

"진짜 인생의 의미는 진정한 변화를 만들어내는 일을 하느냐 하는 거예요. 중요한 건 바로 그거죠."

ORGETOWN LAW
GEOR
WN LAW
ETOWN L
ORGETOWN
GEORG
TOW
ETOW
ORG
CHELLE
UGLAS
DASANI
NO REFILL

"그런 이유로 해고당할 수도 있다는 걸
믿을 수가 없었어요."

Michelle Douglas 미셸 더글러스

1963 -

미셸 더글러스는 남을 도우며 살고 싶었다. 젊은 시절 미셸은 캐나다 군대에 들어가는 게 최선의 방법이라고 마음을 정했다. 군 복무는 숭고한 일이라고 믿었기 때문이다. 일단 복무 계약서를 쓰고 나자 상사들은 곧바로 미셸을 두고 두드러진 성과를 내는 스타라고 이야기했다. 미셸은 기초 훈련과 보안 장교 훈련을 모두 1등으로 수료했다. 한 대령은 거의 30년 동안 군 생활을 하면서 함께 일한 장교 가운데 미셸이 상위 5퍼센트 안에 들어간다고 평가했다.

하지만 우수한 능력, 명백한 장래성, 헌신이 있어도 캐나다 군의 해고를 막지 못했다. 왜 그랬을까? 동성애자였기 때문이다. 미셸은 동성애가 지금보다 훨씬 덜 용인되던 시기에 캐나다 군과 정부 내 차별에 한꺼번에 맞서 싸우기로 결심했다. 그의 용기 있는 행동 덕분에 동성애자들의 권리를 개선하고 그들을 더 많이 받아들이게 하는 문이 열렸다. 미셸은 전혀 예상하지 못한 방식으로 공익을 위해 봉사했고, 결코 예견하지 못한 방식으로 영웅이 되었다.

미셸은 1963년 12월 30일 캐나다의 수도 오타와에서 태어났다. 어머니는 주부였고 아버지는 정부에서 일했다. 아버지의 35년 공직 생활이 직업에 대한 열망에 영감을 주는 데 일조했다. 미셸이 아직 어릴 때 가족은 노바스코샤 주 다트머스로 이사를 했고, 미셸과 여동생은 그곳에서 어린 시절을 보냈다. 결국 가족은 다시 온타리오 주로 돌아갔고 미셸은 대학에 가기 위해 오타와로 갔다. 1985년, 미셸은 법학 전공으로 문학사 학위를 받았다.

대학을 마칠 때까지만 해도 평생 직업으로 군인을 생각하지는 않았다. 처음에는 경찰 직무에 지원하려고 했다. 그 무렵 가족과 같이 살던 집 근처에 있던 군 채용 안내소를 방문했다. 군은 미셸을 채용하고 싶어 했다. 군인이 되는 것에 대해 생각하면 할수록 미셸은 점점 들떴다. 군대야말로 적격이라고 결정을 내리고 스물세 번째 생일 직전인 1986년 11월 26일, 드디어 캐나다 군에 들어갔다. 미셸은 훈련에서 뛰어난 실력을 보였고, 소위 계급장을 달았다. 1987년에는 언어 교육을 위해 프랑스어를 쓰는 퀘벡 주로 가게 됐는데, 바로 거기서 사랑에 빠졌다. 미셸이 사랑하게 된 사람은 동료 여성 장교였다.

이 일이 일어나기 전까지만 해도 미셸은 스스로 레즈비언이라고 생각해본 적이 없었다. 지나가다가 문득 떠올린 적도 없었다. 하지만 동성애자인 것을 깨닫자 많은 젊은이와 달리 겁이 나거나 걱정되지 않았다. 그저 '정말로 올바른 것처럼 느껴졌고', 따라야 할 '자연스러운 흐름' 같았다. 물론 남녀를 불문하고 동성애자에 대한 군대 내의 처벌이 가혹하다는 사실도 잘 알았다. 캐나다 군 행정 명령CFAO

　　　　　　　　역사에 도전한 여성 운동가

19-20은 '성도착'에 적용되는 규정이었다. 이 규정에 따르면 "군 정책은 캐나다 군대를 유지하기 위해 동성애자나 성적으로 이상이 있는 구성원을 허용하지 않았다." CFAO 19-20은 동성애자를 변태로 취급했다. 미셸은 군대 내에 동성애자들이 있다는 사실을 알고 있었다. 모두 극도로 조심해야 했다.

　CFAO 19-20을 근거로 군은 자국 법을 부인하고 있었다. 캐나다는 1969년 동성애를 범죄로 규정한 법률들을 폐지했다. 미셸이 군에 들어가기 거의 20년 전 일이었다. 더군다나 미셸이 입대하기 전해인

우리가 쓰는 용어들

"동성에게 끌리는 사람을 표현하는 말로 용인된 단어들은 세월이 흐르면서 바뀌었다. 호모섹슈얼이라는 단어는 1800년대에 처음 사용되었다. '같다'는 뜻의 그리스어 '호모스'에서 따온 것이다. 이 단어를 기피하는 사람들도 있었는데 군대 같은 곳에서 부정적으로 사용됐기 때문이다. 일반적으로는 게이와 레즈비언이라는 말을 더 많이 쓴다. 게이는 남자와 여자에게 쓰지만, 레즈비언은 여자에게만 쓴다. 퀴어라는 용어는 모욕적인 의미로 사용된다. 몇몇 사람들이 스스로 쓰기도 했지만 다른 이들은 거부했다. '퀴어'라는 말이 이상하거나 변태라는 말이라고 생각하기 때문이다. 레즈비언lesbian, 게이gay, 양성애자bisexual, 트랜스젠더transgender를 의미하는 LGBT는 다양한 공동체를 대표하는 여러 집단을 표현하는 데 사용된다.

1985년에는 '캐나다 권리·자유 헌장' 15조가 발효되었다. 광범위한 집단을 차별로부터 보호하는 것을 보장하는 내용이었다. 1967년에 만들어진 캐나다 군의 반反동성애 정책은 캐나다 헌법을 명백히 위반하는 것이기도 했다. 헌법은 한 국가의 최고 법으로 간주됨에도 불구하고 말이다.

왜 군은 동성애자들을 그렇게 반대한 것일까? 편견과 근거 없는 믿음 탓이었다. 미셸의 말에 따르면 당시 군 지도층은 거의 전부 남성이었고 특히 동성애자 남성에게 '터무니없고 말도 안 되는' 생각을 갖고 있었다. 동성애자들이 통제가 불가능한 비정상인이라서 다른 병사들을 성적으로 공격할 것이라고 여겼다. 군 지도자들은 동성애자들의 입대를 허용하면 군대 통합과 사기에 영향을 미칠 것이라고 주장했다. 적국이 은밀한 생활을 빌미로 협박할 것이고, 그렇게 되면 동성애자들이 스파이나 반역자가 되리라는 거였다. 미셸은 얼마나 웃기는 생각인지를 지적했다. 동성애자들이 성 정체성을 숨기게끔 강요한 것은 다름 아닌 바로 군이었기 때문이다. 군은 동성애자의 군 복무를 허용하면 네 종류의 화장실을 따로따로 만들어야 할 수도 있다고도 했다. 남자 화장실을 이성애자용과 동성애자용으로 분리하고 여자 화장실 역시 그렇게 나눠야 한다는 것이다. 이 주장은 군 정책을 면밀히 조사하는 과정에서 특히 더 조롱거리가 되었다.

수십 년 뒤, 미셸은 자기 삶에 영향을 미치기 전까지는 군이 잘못됐다는 사실을 알지 못한 것을 후회한다고 말했다.

역사에 도전한 여성 운동가

"맞서기 전까지는 차별을 맛볼 일이 없기를 바랐어요."

미셸은 너무나도 좋아하고 또 잘하는 일을 잃고 싶지 않았다. 가족에게조차 동성애자라는 사실을 말한 적이 없었다. 친구 몇 명만 알고 있었다.

1988년 6월 미셸은 토론토에 있는 특별 수사대SIU로 배치됐다. 아주 근사한 자리였다. 특별 수사대는 헌병대 소속이었다. 헌병대는 범죄 행위를 비롯해 스파이 활동 등 수상한 사건, 동성애로 의심되는 사건을 수사하는 곳이었다. 미셸은 군이 수사를 시작하기 훨씬 전부터 새로운 자리에 있지 않았다. 사귀던 여성 장교는 동성애 혐의로 군의 정밀 조사를 받았다. 미셸은 누군가 둘의 관계를 보고해 자기도 혐의자가 됐다고 생각했다.

1988년 7월 특별 수사대 일을 시작하고 나서 불과 한 달이 됐을 때 상관이 소지품을 챙기라고 말했다. 중요한 사건을 수사하기 위해 다른 도시로 비행기를 타고 가야 한다는 것이었다. 공항으로 간다고 생각한 차가 어느 호텔 앞에 섰다. 상관은 미셸을 방으로 데려갔다. 그곳엔 군인 두 명이 기다리고 있었다. 미셸의 성적 취향과 성생활에 관해 이틀 동안 상세하게 심문이 진행됐다. 그들은 반복적으로 다그치며 동성애자라고 자백하게 만들려고 애썼다.

처음에는 부인했다. 쌓아온 경력을 모조리 잃게 되리라는 걸 잘 알았기 때문이다. 훗날 미셸의 사건을 재검토한 한 단체는 군의 '개탄스러운 행동'을 맹비난했다. 또 장교들이 성관계에 대해 질문한 것,

그것도 그렇게 모욕적인 방식으로 한 것은 잘못됐다고 했다.

심문을 마친 뒤에는 거짓말 탐지기 조사까지 받았다. 미셸은 한계에 다다랐다.

"알았어요, 당신들이 이겼어요."

미셸은 결국 레즈비언이라고 털어놓았다. 그러자 장교들은 군대 내 다른 동성애자들의 이름을 대라고 했다. 미셸은 완강하게 거부했다. 장교들은 미셸이 조국보다는 동성애자들에게 더 충성하는 게 확실하다면서 그런 식으로 나오면 사라지게 될 것이라고 협박했다.

미셸은 기밀 정보 취급 허가권을 빼앗기고 낮은 직급으로 전직 처

동성애자 권리의 진화

동성애 운동은 20세기 말까지 가시화되지 않았다. 그전에 동성애는 많은 나라에서 위법 행위였다. 징역형으로 처벌이 가능한 범죄였다. 동성애자는 노골적인 증오를 받았다. 나치 독일에서는 유대인과 같이 나치가 미워한 집단들처럼 강제 수용소로 보내져 목숨을 잃었다. 영국은 1967년 동성애 반대법을 바꿨고, 2년 뒤에는 캐나다도 동참했다. 하지만 미국은 2003년까지 일부 차별법이 남아 있었다. 동성애자 권리 보호 단체들은 1970~80년대에 성장했다. 당시에는 동성애 남성들에게 영향을 미친 에이즈에 맞서는 것이 중요한 이슈였다. 그 외에 고용 등에서 차별을 중단시키는 법률 제정을 요구하는 문제도 있었다.

역사에 도전한 여성 운동가

리 되었다. 군은 불복종할 경우 동성애자라는 사실을 가족에게 알리겠다고 협박했다. 결국 가족에게 솔직히 털어놓을 수밖에 없었다. 미셸은 가족이 얼마나 힘이 됐는지 이루 말로 다 할 수 없다고 했다. 하지만 부당한 일을 당하고도 뭐라도 해야겠다는 생각은 하지 못했다. 동성애는 여전히 뜨거운 감자였다. 자기 같은 사람들을 반대하고 비난하는 사람들의 눈, 남들의 시선이 두려웠다.

미셸은 캐나다에서 최초로 게이라고 밝힌 연방 의원 스벤드 로빈슨Svend Robinson을 만난 뒤로 변하기 시작했다. 토론토에서 열린 모임에서 로빈슨 의원의 연설을 들을 당시 미셸은 아직 군에 있었다. 로빈슨은 의회 의원이었고 최근 전 국민에게 성적 성향을 밝힌 상태였다. 그는 모든 인권을 강하게 옹호했고, 동성애자들에 대한 군의 차별이 없어지기를 간절히 열망했다. 로빈슨이 연설을 마치자 미셸은 그에게 다가가 자기의 사연을 간단히 설명했다. 로빈슨 의원은 나중에 전화로 자초지종을 더 알아보았다. 그는 유명한 인권 변호사인 클레이턴 루비를 만나보라고 했다. 미셸은 갈림길에 섰다. 캐나다 군에 맞서 법적 조치를 취해야 할까? 그럴 경우 동성애자들을 증오하는 사람들의 표적이 될 수도 있었다. 루비 변호사를 만난 자리에서도 미셸은 불안했다. 어찌해야 할지 마음을 잡을 수가 없었다.

하지만 군은 미셸에 대해 마음을 굳혔다. 1989년 봄, 군은 미셸에게 통고했다. 기지 사령관은 자기 밑에 있던 미셸을 두고 그동안 함께 일한 사람들 중에서 가장 유능하고 헌신적이며, 추진력과 에너지가 넘치는 진취적인 사람이라고 극찬했다. 그럼에도 불구하고 미셸은 군에서 쫓겨날 거라는 말을 들어야 했다. 군 정책에 반하는 동성애자임을 인정했다는 이유였다. 거부하면 규정에 따라 승진에서 탈락 혹은 전직되거나 추가 훈련을 받는 식으로 군 생활이 완전히 제한받게 될 터였다. 미셸은 실질적으로 해고당한 거나 마찬가지였다.

6월에 미셸은 대안이 없다는 생각으로 동의서에 마지못해 서명했다. 슬프고 무서운 동시에 화가 났다.

"그런 이유로 해고당할 수도 있다는 걸 믿을 수가 없었어요."

동의서에 서명하면서 미셸은 캐나다 군의 '진짜 무지함'을 맹비난했다. 군의 정책을 두고 "낡아 빠지고 차별적인 데다가 뻔뻔스러울 정도로 부당하다"고 말했다.

다음번에 만난 루비 변호사가 "싸울 건가요, 말 건가요?"라고 묻자 미셸은 싸우겠다고 답했다. 1990년 1월 미셸은 '권리 · 자유 헌

최초의 인물들

21세기에는 정치 분야에서 동성애자들이 더 유명해졌다. 미국에서는 2012년에 최초로 동성애자라고 밝힌 상원 의원이 선출됐고, 캐나다에서도 2013년에 동성애자임을 공개한 주 총리가 취임했다. 공개적으로 동성애자라고 밝힌 최초의 정부 수반은 2009년에 지명된 아이슬란드 수상이었다. 모두 여성이었다.

역사에 도전한 여성 운동가

장'상의 인권을 침해당했다는 주제로 캐나다 군을 상대로 55만 달러를 요구하는 소송에 들어갔다. 하지만 공개되는 것이 무서웠던 미셸은 루비 변호사에게 이름을 밝히지 않고 법적 조치를 취할 수 있는지 물었다. 물론 그렇게 할 수는 없었다. 미셸은 지금도 자신의 두려움에 신경 써준 사람들에게 감사하고 있다. 유명 칼럼니스트인 미셸 랜즈버그는 사건에 대해 초반에 쓴 글에서 미셸의 정체를 숨겨주었다. 랜즈버그는 칼럼에서 "반짝반짝 빛나는 군의 스타"에 대한 대우를 두고 군을 몹시 비난했다. 캐나다 군은 뛰어난 장교를 잃었고, 동성애자에 대한 군의 편협함과 옹졸함은 "우스꽝스럽다"고 했다.

랜즈버그는 캐나다 군의 반동성애 정책과 군이 미셸에게 한 짓을 처음으로 공개적으로 질책한 사람 가운데 하나였다. 비난은 랜즈버그에서 끝나지 않았다. 하지만 군은 2년이 넘도록 입장을 바꾸지 않았다. 미셸은 기밀 정보 접근권을 박탈한 결정을 뒤집기 위해 재판 외에 보안 정보 검토 위원회라는 정부 기관에도 호소했다.

1990년 8월, 보안 정보 검토 위원회는 보고서에서 군과 정부는 미셸에게 일자리와 기밀 정보 접근권을 돌려줘야 한다고 결정했다. 보안 정보 검토 위원회는 미셸에게 일어난 일에 격분하면서 동성애자들에 대한 군 정책은 캐나다 권리·자유 헌장에 반한다고 했다.

승리를 거둔 듯했다. 그런데 정부와 군이 위원회 판결에 항소하기로 결정하면서 모든 게 중단되고 말았다.

일간지 『토론토 스타』는 보안 정보 검토 위원회의 결정에 의견을 내면서 동성애자들에 대한 군 방침을 '미친 짓'이라고 표현했다. 또 "군은 진정한 평등을 약속할 때"이며 "편협한 정책은 원래 있어야 할 곳인 쓰레기통에" 처넣어야 한다고 했다.

1991년에는 잠깐이나마 실제로 그런 일이 일어날 것처럼 보이기도 했다. 전국 신문들이 그해 10월 머리기사로 정부가 조만간 정책 변경을 발표할 것이 확실하다고 보도했다. 정부는 심지어 미국 국방부의 군 지도부에 동성애자들에 대한 금지를 곧 해제할 것이라고 통고하기도 했다. 군대 내 동성애자들에 대한 국민 여론 조사에 따르면 캐나다인 다수가 그런 조치를 지지한 것으로 나왔다. 그런데 정부가 별안간 한발 뒤로 물러섰다. 여당의 몇몇 정치인이 반대하면서 새로운 정책은 보류되고 말았다.

1992년 10월 27일 화요일은 미셸의 날이 되었다. 군에서 쫓겨난 지 3년, 법적 소송을 시작한 지는 2년이 지난 때였다. 국민 여론에도 불구하고 캐나다 법, 정부 기관, 군대는 동성애자에 대한 정책과 관련해 바뀐 게 하나도 없었다. '더글러스 대 캐나다' 사건이 막 시작될 참이었다. 미셸은 오랜 기다림이 끝나 기쁘다고 언론에 말했다. 이 소송을 단지 자기 자신을 위해서만 하는 게 아니라고도 했다.

"아직도 캐나다 군에 있는 사람들, 이 문제를 법정으로 끌고 갈 기회가 전혀 없었던 사람들을 위한 겁니다. 아직도 이 정책으로 피해를 입는 이들이 있다는 것은 의심의 여지가 없는 사실입니다."

이는 아직 군대에 있으면서 자기 자리를 지키기 위해 성적 취향을

역사에 도전한 여성 운동가

숨기는 모든 사람을 의미했다.

재판이 있던 날 국방부와 캐나다 군은 마침내 항복했다. 반동성애 정책은 권리·자유 헌장 위반이므로 삭제하라는 연방 법원 판사의 명령에 동의했다. 국방부와 군은 더 이상 헌법을 무시할 수 없었고 이 문제에 관해 그들만의 법을 만들 수 없었다. 미셸은 승리에 몹시 기뻤다. 변호사와 함께 이 사건이 앞으로 동성애자들에게 도움이 되리라는 사실을 축하했다.

"이것은 하나의 사건이지만 앞으로 동성애자들은 영원히 동등한 구

미국의 변화

미국은 1993년 이전까지 동성애를 금지했다. 금지 내용은 다소 달랐다. 군인은 공개적으로 동성애자라고 밝힐 수 없었다. 이러한 정책은 '불문부답법'이라고 불렸는데, 게이와 레즈비언이 성 정체성을 공개하면 군에서 쫓겨날 수도 있었다. 몇몇 보고서에 따르면 이 정책이 시행된 18년 동안 1만 2,500명 이상이 이런 일을 당했다고 한다. 한 연구에서는 미국보다 훨씬 규모가 작은 캐나다 군에서는 미셸 더글러스 사건이 있기 전인 1986~1992년 사이 6년 동안 60명이 동성애 때문에 군복을 벗었고 15명이 승진에서 누락됐다. 불문부답법은 2011년 9월에 사라졌다. 버락 오바마 미국 대통령은 이를 반겼다. 오바마 대통령은 불문부답법을 두고 "억지로 자기 자신에 대해 거짓말을 하게 만드는 정책"이라고 말하기도 했다.

성원이 될 겁니다. 이것이야말로 내가 오랫동안 싸워온 이유입니다."

소송 결과 미셸은 10만 달러를 받게 되었다. 미셸의 재판에 이어 동성애 반대 정책으로 피해를 입은 다른 군대 구성원들이 제기한 소송들은 몇 달 안에 조용히 결판이 났다. 알려지는 것이 두려웠지만 미셸은 소송이 진행되는 내내 부정적인 편지 한 통도 받지 않았다.

미셸은 현재 오타와에서 연인과 함께 살고 있다. 지금은 연방 정부의 사법부에서 일한다. 평등 가족 재단 설립 회장으로 상당한 시간 동안 자원봉사를 하기도 했다. 평등 가족 재단은 동성애 관계와 동성애자 권리 문제를 다루는 단체다. 지금 미셸은 프리 더 칠드런 이사회 의장으로 있다. 본의 아니게 군 생활을 포기하게 되면서 놓친 기회들을 애통해하지는 않는다. 사실은 고맙다고 말한다. 그 일로 "인생이 더 나은 쪽으로 변화"했기 때문이다. 만약 잠자코 있었으면 성취했을지도 모르는 그 어떤 것보다도 더 의미 있는 일을 했다고 믿는다. 동성애자에 대한 편협함은 '캐나다답지 않은' 것이었다. 미셸은 애국적인 차원에서 감내한 도전과 시련이 캐나다를 더 나은 국가로 만드는 데 도움이 되었다고 여긴다.

역사에 도전한 여성 운동가

NATION
DAY OF ACTIO
Make Poverty Histo
for First Nations
www.afn.ca

"결코 희망을 포기하지 말라고 말할 거예요.
일어나서 책을 집어 들고 학교로 가라고요."

Shannen Koostachin 섀넌 쿠스타친

1994 - 2010

2008년 5월, 캐나다 수도 오타와에 있는 으리으리한 관청 집무실에서 척 스트랄을 만났을 때 섀넌 쿠스타친의 나이는 열세 살이었다. 척 스트랄은 키가 컸고, 캐나다를 통치하는 가장 힘 있는 정치인 가운데 한 사람인 장관이었다. 하지만 섀넌은 수줍어하거나 두려워하지 않았다. 스트랄 장관이 얼마나 힘이 있는지 개의치 않았다. 섀넌은 목적을 위해 캐나다 북부 외딴 공동체에서 965킬로미터가 넘는 거리를 이동해 왔다. 장관을 설득해 그의 마음을 돌리기 위해서였다. 8년 동안 정부는 섀넌이 사는 공동체에 제대로 된 학교를 지어주겠다고 약속했다. 그런데 최근에 스트랄 장관이 그 약속을 취소해버린 것이다.

　　섀넌은 형제자매들이 장관의 집무실만큼 멋진 학교를 갖길 소망한다면서 장관과 대화를 시작했다. 하지만 스트랄 장관은 섀넌과 함께 온 사람들에게 자기 입장은 변치 않을 것이라고 말했다. 아타와피스캇 퍼스트네이션에는 새 학교가 지어지지 않을 터였다. 섀넌도 주장을 꺾지 않았다. 스트랄 장관과 악수를 하면서 섀넌은 이렇게 말했다.

"우리도 그만두지 않을 거예요."

섀넌 쿠스타친은 캐나다 역사상 가장 큰 규모의 청소년 주도 아동 권리 보호 운동이라고 불린 캠페인의 선두에 있었다. 섀넌은 자기 부족이 기본권, 즉 좋은 교육을 받을 권리를 얻는 데 전념하는 캠페인의 얼굴이었다.

전국 학생들이 섀넌과 학교 친구들을 지지하며 단결했다. 섀넌은 기자 회견을 해 언론, 학교 이사회, 교사, 학생, 종교 단체, 노동 단체에 뜻을 알렸다. 국제 아동 평화상 후보에 오르기도 했다. 국제 아동 평화상은 용기 있는 행동으로 전 세계 어린이에게 영향을 준 아동에게 수여하는 상이다.

섀넌이 연설하는 모습을 실제로, 혹은 영상으로 본 사람들은 다들 10대의 열정과 힘에 깜짝 놀랐다. 매사에 아주 영향력 있고 힘이 있었기에 학교를 지어달라는 캠페인은 섀넌이 세상을 떠난 뒤에도 계속될 수 있었다. 스트랄 장관을 만난 날로부터 2년이 지난 2010년 5월 31일, 섀넌은 교통사고로 사망했다. 가족과 친구들, 부족 전체가 슬퍼하고, 신문들은 전 국가적으로 영향력을 발휘하던 열다섯 살 소녀를 잃었다고 보도했다. 하지만 '섀넌의 꿈'이라는 단체가 설립되어 평등을 위한 투쟁을 계속 이어가고 있다.

섀넌 노엘라 제인 쿠스타친은 1994년 7월 12일 온타리오 주 북부 제임스 만의 해안 지방에 있는 외딴 보호 구역에서 태어났다. 아타와피스캇 퍼스트네이션은 2,000명 정도 되는 원주민이 모여 사는 공동

체다. 가장 가까운 도심지가 남쪽으로 약 485킬로미터 정도 떨어져
있다. 그마저도 자동차로는 갈 수 없고 비행기를 타고 가야 한다. 영
어로, 섀넌의 부족 이름은 크리Cree 족, 섀넌이 말하는 모국어는 크리
어라고 한다. 그는 원주민어로 '무시케고윅 인나누'라는 이름을 썼
다. 어머니는 제니 쿠스타친, 아버지는 앤드루 쿠스타친이고, 남자
형제가 셋, 자매가 둘이었다.

섀넌이 어렸을 때만 해도 아타와피스캇에는 초등학교가 있었다.
캐나다 정부가 1976년에 지은 그 학교는 훗날 섀넌이 다시 지어달라
고 요구한 '편안하고' 튼튼하고 현대적인 학교였다. 그런데 이 초등
학교 지하엔 난방용 경유가 묻혀 있었다. 아무도 모르게 수천 리터의
경유가 지표면으로 새어 나왔다. 학생과 교사 들은 고약한 냄새 때문
에 속이 메스꺼웠고 두통에 시달렸다. 학교에서 돌아온 아이들한테
서 가스 냄새가 날 정도였다. 1980~90년대에 걸쳐 문제를 조사하고
부분적으로 청소를 했다. 하지만 2000년에 학교 부지의 화학 물질
오염 정도가 건강상 허용할 수 없는 수준이라는 보고서가 나오자 학
부모들이 조치를 요구하고 나섰다.

교장과 이사회, 교육 당국은 학교를 영구 폐쇄하기로 했고, 학교
건물은 결국 허물어지고 말았다. 8학년까지 수업을 받을 수 있도록
이동식 가건물이 설치되었다. 다들 일시적인 해결책으로 여겼다. 새
학교가 지어지는 중이라고 생각한 것이다. 하지만 이때부터 정부가
번번이 약속을 어기는 기나긴 역사가 시작되었다.

가건물은 문제가 많았다. 영하 20도의 겨울바람이 문과 창문 틈새로 들어왔고, 쥐가 들락날락했다. 아이들과 교사들은 눈보라가 치는 날씨에도 이 건물 저 건물 옮겨 다니며 온종일 밖에 나가야 했다. 화장실도 교실 안에 있어서 다른 아이들이 화장실 문 바로 밖에 앉아 있는 상태에서 수치심을 느끼며 용변을 봤다. 도서관, 미술실, 음악실은 아예 없었고, 교실 자체도 비좁았다. 아타와피스캣의 많은 어린이가 이런 환경에 낙담하고 아예 학교를 관두기도 했다. 교장의 말에 따르면 8학년이 되기 전 15퍼센트가 학교를 떠났다고 한다.

섀넌이 전개한 캠페인은 캐나다 전역의 원주민 아동이 맞닥뜨린

캐나다의 원주민 차별

원주민 교육 자금에 차이가 나는 것은 부분적으로는 아주 오래전부터 시행된 정부의 책임 분할 때문이다. 원주민을 제외한 모든 아동 공교육은 캐나다 주 정부들이 자금을 대는 반면, 원주민 교육은 연방 정부가 비용을 낸다. 그런데 퍼스트네이션 보호 구역 내 초등학생들에게 들어가는 비용은 주 정부가 다른 아동들에게 지출하는 금액보다 25퍼센트 적은 액수로 한도가 설정되어 있다. 캐나다의 한 잡지는 원주민 학생들을 두고 '교육 최하층 계급'이라고 말하기도 했다. 한 저명한 경제학자는 캐나다의 교육 상황이 '실패'라고 했다. 이 경제학자는 원주민 학생들이 지원을 덜 받는 이유를 한마디로 "사람들이 충분히 관심을 기울이지 않아서"라고 설명했다.

역사에 도전한 여성 운동가

교육 불평등에 대해 관심을 불러일으켰다. 몇몇 보고서에 따르면 매년 원주민 학생 한 명이 교육받는 데는 다른 캐나다 아동보다 2,000달러가 덜 들어가고 있었다. 캐나다 정부는 원주민 학교 교육에 책임이 있으면서도 도서관, 컴퓨터, 과학 실험실, 그 밖에 대다수 어린이와 학부모가 기대하는 시설을 만드는 데 돈을 지원하지 않는다. 퍼스트 네이션 사람들도 아이들이 무엇을 공부할지 결정하는 등 자녀 교육에 대한 권한이 있다. 하지만 아타와피스캇에 새 학교를 지을지 말지 결정할 권한은 정부에 있다.

2000년과 2007년 사이에 차례대로 임명된 원주민부 장관 세 명은 학교를 지을 돈을 주겠다고 약속했다. 하지만 아무 변화도 일어나지 않았다. 2007년 12월, 척 스트랄이 장관으로 임명되고 난 뒤 아타와피스캇 사람들은 새 학교 건설 자금을 지원받으려면 적어도 5년은 걸린다는 사실을 알게 되었다. 상황은 점점 더 나빠졌다. 석 달 뒤 스트랄 장관은 다른 원주민 공동체들이 아타와피스캇보다 우선순위가 더 높다면서, 정확히 언제 학교를 지어줄지 말할 수 없다고 했다.

섀넌을 비롯해 많은 학생들은 진저리가 났다. 학창 시절을 오롯이 가건물에서 보냈다. 더 이상 기다리고 있을 수만은 없었다. 이제 행동으로 옮길 때였다. 아타와피스캇 출신 정치인인 찰리 앵거스는 여당인 보수당에 반대하는 신민주당 소속 의원이었다. 학생들을 만난 앵거스 의원은 아이들의 어려운 상황에 대한 관심을 촉발시킬 캠페인을 진행해 정부의 마음을 돌릴 수 있게 돕겠다고 했다.

새넌 쿠스타친.

그리하여 싸움이 시작되었다. 이 싸움에는 결국 캐나다 전역의 학생 수천 명이 참여하게 되었다. 앵거스 의원은 아타와피스캇의 임시 학교가 어떤 상태인지 보여주는 영상을 유튜브에 올렸다. 앵거스 의원은 하원에서 스트랄 장관에게 공개적으로 이의를 제기했다. 하원은 선거로 뽑힌 의원들이 만나서 국정을 논하는 곳이다. 앵거스 의원은 왜 아타와피스캇 퍼스트네이션이 정부의 무시와 방치를 참고 견뎌야 하냐고 물었다. 스트랄 장관은 잘못이 없다고 부인하면서 임시 가건물에 있다고 건강을 걱정할 정도는 아니라고 말했다. 거의 6만 명이 앵거스 의원이 올린 영상을 봤고 캐나다 전역 학생들이 아타와피스캇 학생들을 지지하는 편지 쓰기 운동을 시작했다. 가건물 문제와 함께 뭐라도 해달라는 요구를 정부가 거부했다는 사연이 뉴스가 되기 시작했다. 새넌은 직접 유튜브에 올릴 영상을 만들었다. 그 영상에서 새넌은 간절히 호소했다.

"단지 다르다는 이유만으로 우리를 무시하지 말아요. 제발 우리

　　　　　　　역사에 도전한 여성 운동가

를 잊지 말아주세요. 우리는 너무나도 오랫동안 학교를 기다려왔습니다."

2008년 3월 즈음, 학생 200만 명 이상을 통솔하는 온타리오 공립학교 위원회가 스트랄 장관에게 항의 서한을 쓰는 학생들에게 힘을 실어줬다. 한 위원회 대표는 이유를 이렇게 설명했다.

"모든 어린이는 양질의 교육을 받을 권리가 있습니다. 또래 친구들이 마음을 쓰고 있다는 사실을 아타와피스캇 학생들이 알았으면 해요."

스트랄 장관의 집무실은 편지로 넘쳐났다.

아타와피스캇의 8학년 학생들은 중요한 결정을 내렸다. 여느 졸업반 학생들처럼 학년 말을 앞두고 졸업 여행을 계획하던 그들은 온타리오 주 남부의 나이아가라 폭포로 가기로 했다. 그런데 5월 29일은 '전국 원주민 행동의 날'이었다. '전국 원주민 행동의 날'은 캐나다 퍼스트네이션 주민들이 직면한 문제에 관심을 불러일으키기 위해 전국적으로 시위를 벌이는 날이다. 학교를 지어달라는 아타와피스캇의 요구와 정부의 약속 파기에 대한 국민적 관심을 끌기에 이보다 더 좋은 날이 있을까? 섀년의 반 아이들은 더 의미 있는 일을 하기 위해 즐거운 졸업 여행을 포기하기로 결정했다. 8학년 학생 21명이 수도로 가서 시위에 참여하기 위해 긴 여정을 떠났다. 아타와피스캇 문제와 관련해 정부에 편지를 쓴 온타리오 주 남부의 학생들도 참여하기로 했다.

샤넌과 학교 친구들은 5월 28일 오타와에서 기자 회견을 하면서 캠페인을 시작했다. 양옆에 학우 두 명과 함께 선 샤넌은 마이크를 잡고 차분하게 이야기했다. 샤넌은 기자들에게 아타와피스캇 출신 10대가 학교를 지어달라고 요구하기 위해 오타와에 온 게 이번이 처음은 아니라고 말했다. 3년 전 샤넌의 언니 세리나도 언론에 이 문제를 이야기하고 장관을 만나려고 오타와에 온 적이 있었다. 2005년이었고, 당시 장관은 아타와피스캇에 학교를 세워주겠다고 약속했다. 샤넌은 이런 질문을 던졌다.

"제가 왜 다시 와서 똑같은 일을 해야 하나요? 우리 어린이와 청소년은 약속을 지키라는 말을 듣고 자랐습니다. 그런데 우리 정부는 세 번씩이나 약속을 어겼어요."

기자들은 이 학생들에 관해 기사를 썼고, 아타와피스캇 교사들과도 이야기를 나눴다. 한 교사는 아타와피스캇으로 가기 전에 태평양에 있는 가난한 섬 학교에서 아이들을 가르쳤다면서, 아타와피스캇 보호 구역에 있는 학교가 태평양 섬에 있던 그 학교와 많은 부분이 똑같은 것을 보고 충격을 받았다고 말했다.

"내가 나고 자란 지역에 있다는 사실을 믿을 수가 없었어요."

캐나다의 모든 원주민을 대변하는 퍼스트네이션 의장은 "이것이 토론토나 오타와, 아니면 캐나다의 다른 도시에서 일어난 상황이라면 정부의 반응이 달라지지 않았을까 의문이 든다"고 말했다.

다음 날인 5월 29일은 '행동의 날'이었다. 아타와피스캇 학생과 지

'행동의 날' 국회의사당 언덕으로 행진 중인 학생들.

지지자들은 수백 명을 이끌고 캐나다 정부가 있는 국회의사당 언덕까지 항의 행진을 했다. 그들은 '교육은 권리다'라고 적힌 손 팻말을 들고 갔다. 하지만 섀년을 비롯한 학생들과 부족 어른들에게 가장 중요한 순간은 바로 스트랄 장관과의 만남이었다.

기대와 희망은 순식간에 부서져버렸다. 스트랄 장관은 또다시 안 된다고 말했다. 새 학교는 없다고 했다. 다른 공동체들이 아타와피스캇보다 더 학교가 필요하다는 이유였다. 또 오타와가 임시 학교와 근처 고등학교에 500만 달러를 지원했으니 초등학생들은 그곳 체육관을 이용하면 된다면서 거절했다. 아타와피스캇 지도자들이 매년 필요한 수리비를 받아 갔으니 건물 유지에 대한 책임은 그들에게 있다고도 했다.

　스트랄 장관이 대놓고 "안 돼"라고 한 말이 섀넌의 몸과 마음에 더 크고 단단한 강철을 박아 넣은 듯했다. 스트랄 장관과 이야기를 한 뒤에도 학생들은 멈추지 않았다. 섀넌은 밖으로 나가 국회의사당 언덕에 모인 1,000명가량 되는 군중에게 무슨 일이 있었는지 설명했다. 사람들은 "부끄러운 줄 알라!"고 외쳤다. 섀넌은 기자들에게 스트랄

"이 아이들은……"

원주민 의회는 캐나다 원주민 지도자들로 구성된 기구로, 원주민 의회 의장이 원주민 지도자들을 대표한다. 필 폰테인은 아타와피스캇 학생들이 저항 운동을 조직할 당시 원주민 의회 의장이었다. 폰테인 의장은 학생들이 반대의 뜻을 공개적으로 말하는 모습이 자랑스럽다고 했다. 스트랄 장관과의 실망스러운 만남이 있고 난 뒤 폰테인 의장은 스트랄 장관이 한 가지 점에서는 옳았다고 말했다. 즉 다른 퍼스트네이션 학교들도 끔찍한 상태이며, 39개 퍼스트네이션 공동체에는 학교라는 게 아예 없었다. 하지만 폰테인 의장은 이러한 사실은 정부가 퍼스트네이션 아이들을 우선적으로 신경 쓰고, 모든 곳에 학교를 마련하고, 아타와피스캇 아이들이 원하는 대로 해주어야 한다는 의미라고 했다. 폰테인 의장은 "이 아이들은 부당한 대우를 받고 있다. 이대로 계속 놔둬서는 안 된다"고 말했다.

역사에 도전한 여성 운동가

장관의 안 된다는 말에 "저도 울고 친구들과 어른들도 울었습니다"라고 말했다. 신문들은 '나이에 비해 침착한' 10대 소녀라고 기사를 썼다. 앵거스 의원은 경악을 금치 못했다. 그는 "우리가 투자할 수 있는 한 가지가 있다면 그건 아이들의 교육이어야 합니다"라고 발언했다.

단 한 가지 좋은 일은 학생들, 특히 섀넌이 받은 관심이었다. 이는 더 많은 사람이 학생들의 운동에 대해 알게 되고, 정부에 반대하는 캠페인에 가속도가 붙기 시작했다는 뜻이었다. 앵거스 의원은 섀넌이 운동가나 지도자가 되고 싶어 한 것은 아니라고 했다. 섀넌은 보호 구역에 사는 아이들의 절망을 두고 보지 못할 만큼 기백이 넘치는 젊은 여성으로, 공동체를 위해 똑바로 일어서서 맞서 싸워야 한다고 믿었다. 또 대중을 사로잡고 뉴스 머리기사를 만드는 묘한 능력도 있었다. 섀넌의 모국어가 크리족 말인 데다 그처럼 외진 곳에서 성장한 것을 고려하면 아주 놀라운 일이라고 앵거스 의원은 말했다.

2008년 여름, 열네 번째 생일 직후 섀넌과 아타와피스캇 학생들은 저항 운동을 국제적인 수준으로 끌어올렸다. 그들은 국제 연합UN에 아타와피스캇 사례를 조사해달라고 요청할 예정이라고 연방 정부에 알렸다. 국제 연합은 여러 국가로 이뤄진 세계 최고 기구로, 아동에 대한 처우 및 아동 권리를 감시하는 임무도 갖고 있다. 아타와피스캇 학생들은 캐나다가 아동의 관리·보호와 관련해 국제 연합이 요구한 의무를 지키고 있는지 묻기로 했다.

그해 가을 섀넌에게 반갑지 않은 변화가 일어났다. 섀넌의 부모는 딸이 아타와피스캇 보호 구역에서 멀리 떨어진 온타리오 주 뉴리스커드에 있는 고등학교에 가야 한다고 결정했다. 앵거스 의원의 말에 따르면 집을 떠나야 한다는 사실에 섀넌의 마음이 찢어졌다고 한다. 하지만 섀넌은 변호사가 되고 싶었고, 교육과 장래를 위해서는 그것이 최선의 결정이었다. 섀넌은 아타와피스캇을 대표하는 활동을 계속 이어갔다. 11월에는 토론토에서 열린 한 토론회에서 연설을 했다. 토론회에는 교사와 학교 이사회 대표 들은 물론 학생 수백 명도 참석했다. 섀넌은 참석자들에게 "따뜻한 복도가 있는 크고 편한 학교

국제적 영향력

섀넌에게 국제 연합에 편지를 보내라고 독려한 사람은 신디 블랙스톡Cindy Blackstock이었다. 오타와에서 섀넌의 연설을 들은 적이 있는 블랙스톡은 20년 넘게 원주민 아이들을 위해 헌신적으로 일한 활동가로, 국제 아동 평화상에 섀넌을 추천하기도 했다. 블랙스톡 외에도 국내적으로나 국제적으로 영향력 있는 캐나다 원주민 여성 활동가들이 많다. 메리 투액스 얼리Mary Two-Axe Earley는 수년 동안 캐나다 법에 의한 원주민 여성 차별 문제를 해결하기 위해 정부를 상대로 로비를 벌였다. 샌드라 러브레이스 니컬러스Sandra Lovelace Nicholas는 1977년 똑같은 문제를 국제 연합으로 가져갔고, 거기서 진행된 소송에서 이겼다. 정부 자문 위원회인 왕립 위원회도 투액스 얼리의 의견에 동의했으나 캐나다 정부가 법을 바꾸는 데는 수년이 걸렸다.

역사에 도전한 여성 운동가

섀넌 쿠스타친이 '행동의 날'에 사람들에게 연설하고 있다.

가 있다는 걸 알게 되면 다른 건 아무것도 중요하지 않다는 기분이 들 거예요"라고 말했다. 섀넌의 연설을 들은 학생들은 불공평함에 격분했다. 이듬해인 2009년, 섀넌은 온타리오 노동자 연맹 대회에 기조 연설자로 참석했다. 온타리오 노동자 연맹은 100만 명의 노동자를 대변하는 단체로 강한 정치적 목소리를 냈다. 그러고 나서 12월에 깜짝 발표가 있었다. 척 스트랄 장관은 퍼스트네이션의 수장들과 이야기를 나누면서 아타와피스캇에 학교를 짓는 문제를 협상하겠다고 밝혔다. 섀넌과 다른 아타와피스캇 아이들, 그리고 이들을 지지한 모든 어린이들과 어른들이 승리를 거둔 것이다.

2010년 5월 31일 저녁, 섀넌은 가족처럼 친한 56세 로즈 손턴, 그리고 친구 두 명과 함께 휴일을 보내고 돌아오는 길이었다. 이들이 탄 미니 밴이 트럭과 충돌했고, 섀넌과 손턴은 세상을 떠나고 말았다. 섀넌을 알던 사람들, 부족 사람들을 위해 한 행동 덕분에 섀넌을 알게 된 사람들에게서 헌사가 쏟아졌다. 원주민 아이들의 교육 평등을 실현하겠다는 목표를 계속 이어 나가기 위해 '섀넌의 꿈'이 세워졌다. '섀넌의 꿈'이 이룬 성과 가운데 하나는, 2012년 2월 하원에서 "정부는 모든 퍼스트네이션 어린이들이 고품질 교육을 동등하게 받을 권리가 있음을 선언하고 필요한 자금을 지원함으로써 '섀넌의 꿈'을 이루겠다"고 규정한 법안을 통과시킨 것이다. 정부는 원주민 교육을 개선하기 위해 3년간 매년 9,000만 달러가량을 투자하기로 합의했다. 하지만 퍼스트네이션 학교에 대한 재정 지원 규모가 여

역사에 도전한 여성 운동가

전히 너무 낮다는 비판이 있다. 그해 9월 국제 연합은 아동 보호를 위해 마련한 국제 기준에 부합하지 않는다면서 캐나다를 강력히 비난했다. 국제 연합은 캐나다가 특히 경제 규모가 전 세계 상위 5개국 안에 들어가므로 원주민에 대한 처우를 대단히 크게 개선해야 한다고 했다. 스트랄 장관이 약속한 지 3년이 지난 2012년 무렵까지도 아타와피스캇에는 학교가 지어지지 않았다. 공사는 시작됐다. 여러 보고서에 따르면 2013년 3,100만 달러 규모의 시설이 문을 열 예정이었다.

섀넌이 세상을 떠난 뒤 많은 사람들이 무엇이 그토록 어린 나이에

지구 반대편

2012년, 섀넌이 사는 나라의 지구 반대편에서 교육 받을 권리를 위해 싸운 또 한 명의 어린 소녀의 사연이 국제적으로 대서특필되었다. 열네 살 말랄라 유사프자이Malala Yousafzai는 그해 10월 파키스탄에서 학교 버스를 타고 가던 중 머리와 목에 탈레반 저격수가 쏜 총을 맞았다. 말랄라는 여자아이들이 학교에 다닐 권리를 주장해 유명해진 운동가다. 극단주의 이슬람 단체인 탈레반은 여자아이들은 교육을 받을 필요가 없다고 주장했다. 말랄라는 목숨은 건졌지만 수술을 받기 위해 비행기를 타고 영국에 있는 병원으로 가게 되었다. 말랄라는 여자아이들이 학교에 갈 권리를 요구하는 캠페인을 계속해 나갈 것이라고 말했다.

영감을 주는 지도자가 되게 만들었는지 설명하려고 애를 썼다. 이에 대해선 섀년이 자기 생각을 말한 적이 있었다. 국제 아동 평화상 후보로 지명됐을 당시에 쓴 편지에서 섀년은 늘 일곱 명의 할아버지들을 받들라는 가르침을 받았다고 했다. 일곱 명의 할아버지란 바로 '사랑, 존경, 진실, 정직, 겸손, 용기, 지혜'였다. 아버지는 인생에서 세 가지를 중시해야 한다고 가르쳤다고 한다. "신을 제일 앞에 두고 그 다음은 가족, 그리고 세 번째는 교육"이었다. 섀년은 자신이 약속을 깨는 걸 싫어한다는 사실을 사람들이 알았으면 했다. 마지막으로 다른 사람들에게 영감을 주기 위해 앞으로 뭘 할 것인지에 대해 섀년은 이렇게 썼다.

"결코 희망을 포기하지 말라고 말할 거예요. 일어나서 책을 집어 들고 학교로 가라고요. 임시 가건물은 말고요."

이 책을 쓰고 자료를 찾으면서 용감하고 이상주의적이고 헌신적인 많은 여성들의 삶을 많이 배웠습니다. 이보다 훨씬 더 훌륭한 이들이 또 있을까요. 이 책을 쓸 특권을 준 발행인 마지 울프에게 고마움을 전합니다. 세컨드 스토리 출판사의 기막히게 멋진 여성 모두에게 고맙습니다. 캐럴린 잭슨 편집장의 지지는 상냥하고 관대하고 차분했습니다. 멀리사 카이타의 디자인 작업은 늘 그랬듯이 아주 멋졌습니다. 오류 점검 및 사실 확인을 해준 인턴 어맨다 토머스의 자료 조사 덕분에 몇 번이나 곤경을 면했습니다. 편집자인 캐스린 화이트의 편집과 격려, 피드백으로 어마어마한 개선이 가능했습니다. 에이프릴 린드그렌은 상당한 재능과 전문가의 눈으로 최종 결과물이 나올 수 있게 아낌없는 도움을 주었습니다.

험버 대학교에 있는 분들의 넉넉한 지지와 지원이 없었다면 이 책을 쓸 수 없었을 겁니다. 특히 윌리엄 해나 전 언론학부 학장, 마이클 해턴 교무처장, 뎁 매카시 인사처장께 감사드립니다. 저를 지도하고 이끌어주신 바질 기네인 부학장께도 감사드립니다.

한 가지 주제 안에 정확히 누구를 넣을지 결정하는 건 정말 어려운 일입니다. 다음에 나오는 여성을 제안하거나 소개해준 이들에게 감사하지 않을 수 없습니다. 소저너 트루스를 제안한 휴 D. 리드 목사, 레일라니 뮤어를 소개한 마이러 노보그로드스키, 템플 그랜딘을 추천한 마이클 엔라이트, 그리고 섀넌 쿠스타친을 내게 이끌어준 쇼반 무어. 에이프릴 린드그렌은 미셸 더글러스를 알려줬습니다. 나를 믿고 자기 이야기를 싣게 해준 미셸에게도 고맙습니다. 캐런 러바인에게 빚을 많이 졌습니다. 캐런은 여러 해 동안 위대한 사람을 아주 많이 소개해줬고 몇 년 전 루스 퍼스트에 관해 이야기해주기도 했습니다.

나를 비롯한 작가들을 위해 애쓰는 온타리오 예술 위원회의 노고에 크나큰 고마움을 느낍니다.

가족에게도 고마움을 전하고 싶습니다. 존 크리스데일과 마르지, 조카 재니나 건턴과 남편 데이브, 앨리샤 크리스데일. 나를 위해 그 모든 일을 해주고, 나를 위해 있어줘서 감사합니다. 마지막으로 늘 내 말을 들어주고, 이해해주고, 할 수 있을 거라고 믿어준 켄 대포에게 고맙다고 말하고 싶습니다. 다시 한 번 이 말을 해야겠네요. 여러분보다 훨씬 더 훌륭한 이들은 있을 수 없습니다.

조이 크리스데일

옮긴이의 말

페미니즘이 아니라 휴머니즘이다

이 책에 등장하는 여성들을 단순히 페미니스트로만 규정하는 것은 매우 제한적인 시각으로 그들을 이해하는 것이다. 이들은 사회 곳곳에 퍼진 차별과 억압에 저항하던 중 여성이라는 이유로 이중적 억압에 처하게 됐음을 자각했다. 즉 여성이면서 장애인이고, 여성이면서 동성애자이며, 여성이면서 원주민이나 이주민이었다. 이 책의 초점 역시 페미니즘이 아닌 휴머니즘에 맞춰져 있다. 단순히 여성 운동만이 아니라 인간의 자유와 평등, 사회 정의를 위해 세상을 뒤흔든 여성들을 다룬 것이다. 이들은 '세상은 원래 그런 거야'라는 생각에 반기를 들고 직접 행동에 나섬으로써 여성의 권리를 포함한 사회 정의를 실현하는 데 놀라울 만한 진보를 가져왔고, 대중의 인식의 지평을 넓히는 데 공헌했다. 따라서 '페미니스트'라는 좁고 한정된 틀로만 이해해서는 안 된다. 이들은 인간의 존엄성을 최고의 가치로 여기고 인종, 민족, 국가, 종교, 성별의 차이를 초월해 인류의 안녕과 복지를 꾀한 진정한 의미의 '휴머니스트'이다.

'다르다'는 것이 '특별함'이 아닌 '차별'의 이유가 되는 세상

나와, 그리고 우리와 다르다는 이유로 인류는 차별과 배제를 지속해왔다. 다수의 사람들과 다른 생각을 하거나 동시대 사람들은 이해하지 못하는, 시대를 앞선 생각을 하면 목숨을 잃기 십상이었다. 생명에 계급을 부여해 지능이 낮거나 정신적 장애를 가진 사람들의 유전자가 살아남지 못하도록 강제로 불임 수술을 하기도 했다. 자폐증과 동성애에 대해 제대로 알지도 못하면서 '나와 다르다'는 이유만으로 그들을 열등하거나 혐오스러운 존재로 규정했다. 우생학, 인종주의, 성차별주의는 모두 '차이'를 '차별'로 받아들인 결과였다. 하지만 이 책에 나오는 여성 열 명은 '다름'을 '특별함'으로 승화시킴으로써 더 이상 '다름'을 '차별'의 근거로 삼지 못하도록 하는 데 기여했다.

'그때 그 시절'이 아닌 '지금 여기'의 이야기

이 책은 보통 사람들은 모르고 넘어가기 쉬운 최근의 이슈도 다룬다. 특히 마지막 3인은 우리에게 널리 알려지지 않은, 오랫동안 사회적으로 금기시하고 숨겨온 이야기를 담고 있다. 우생학에 기반한 강제 불임 수술, 군대 내 동성애자들에 대한 차별과 억압, 캐나다 원주민들의 열악한 상황은 지금 여기 우리가 사는 세상과 인간에 대해 더 많은 고민이 필요하다는 사실을 일깨워준다. 2016년 미국 연방대법원은 동성 결혼을 합법화했지만 이 책에서 다루는 바와 같이 군대 등 보수적인 집단에서는 여전히 동성애에 대해 반감을 갖고 있는

역사에 도전한 여성 운동가

것이 사실이다. 우리나라 역시 성 소수자와 관련된 논의는 여전히 논란이 많다. 다문화 사회 역시 최근 우리나라에서 중요하게 다뤄지는 개념인바, 다문화 국가이자 다양성을 존중하는 국가로 잘 알려진 캐나다가 정작 원주민들에 대해서는 그렇지 않다는 그늘진 이면을 보여주기도 한다.

평면적이고 단순한 이야기는 지루한 법

이 책에서 다룬 인물들은 돈이 많든 적든, 이성애자든 동성애자든, 어린이든 어른이든 누구라도 공감할 만한 다채로운 이야기를 갖고 있다. 시공간을 아우른 스펙트럼 위에 놓인 드라마틱한 생애가 다양한 독자들에게 매력적으로 다가갈 것이다. 이 책 속 여성 열 명이 비폭력 저항, 음악, 글, 연설, 인터넷, 언론, 거리 행진, 그리고 소송에 이르기까지 다양한 방식으로 기존 사회의 부조리에 맞선 이야기는 더 나은 세상을 꿈꾸는 이들에게 영감을 준다. 뉴스와 다큐멘터리를 제작한 언론인 출신 저자의 장점도 돋보인다. 문장이 간결하고 사실에 충실하며 자료 정리도 꼼꼼하다. 자칫 딱딱하고 교훈적인 데 그칠 수 있는 이야기를 읽기 쉬우면서도 현장감 있게 들려줌으로써 마치 다큐멘터리를 보는 것 같은 느낌이다. 가르치려 들지 않고, 인물을 영웅화하지 않고 전체적으로 담백하게 서술한 것 역시 이 글의 매력이다.

2017년 봄, 손성화